A história **de Eva**

Eva Schloss com **Evelyn Julia Kent**

A história **de Eva**

Tradução de
VITOR PAOLLOZI

EDITORA RECORD
RIO DE JANEIRO • SÃO PAULO
2010

CIP-BRASIL. CATALOGAÇÃO-NA-FONTE
SINDICATO NACIONAL DOS EDITORES DE LIVROS, RJ

Schloss, Eva
S371h A história de Eva / Eva Schloss, com Evelyn Julia Kent; tradução Vitor Paolozzi. – Rio de Janeiro: Record, 2010.

Tradução de: Eva's story
ISBN 978-85-01-09044-7

1. Schloss, Eva. 2. Auschwitz (Campo de concentração). 3. Judeus – Países Baixos – Amsterdam – Biografia. 4. Crianças judias no Holocausto– Países Baixos – Amsterdam – Biografia. 5. Refugiados judeus – Países Baixos – Amsterdam – Biografia. 6. Judeus alemães – Países Baixos – Amsterdam – Biografia. 7. Amsterdam (Países Baixos) – Biografia. I. Kent, Evelyn Julia. II. Título.

CDD: 920.99405318
10-2655 CDU: 929:94(100)"1939/1945"

Título original em inglês:
EVA'S HISTORY

Texto revisado segundo o novo Acordo Ortográfico da Língua Portuguesa.

Direitos exclusivos de publicação em língua portuguesa para o Brasil adquiridos pela
EDITORA RECORD LTDA.
Rua Argentina 171 – 20921-380 Rio de Janeiro, RJ – Tel.: 2585-2000
que se reserva a propriedade literária desta tradução

Impresso no Brasil

ISBN 978-85-01-09044-7

Esta obra é dedicada à minha amada mãe,
Fritzi Frank (1905-1998), cujo amor, força e exemplo
restituíram-me a confiança para ter uma vida plena.

E também

às minhas filhas, Caroline, Jacky e Sylvia, ao meu pai,
Erich, e ao meu irmão, Heinz, a quem elas não conheceram,
com a esperança de que este livro os aproxime.

Em cada gueto, em cada trem de deportação, em cada campo de trabalho, até mesmo nos campos de extermínio, a determinação de resistir era forte e tomava muitas formas; lutar com aquelas poucas armas que podiam ser encontradas, lutar com paus e facas, atos individuais de rebelião e protesto, a coragem de obter comida sob ameaça de morte, a nobreza de recusar conceder aos alemães o desejo final de se deliciarem com pânico e desespero. Até mesmo a passividade era uma forma de resistência. "Não agir", escreveu Emanuel Ringelblum após uma represália particularmente cruel, "não erguer um dedo contra os alemães, tornou-se o heroísmo passivo e silencioso do judeu comum." Morrer com dignidade era uma forma de resistência. Resistir à desumanizadora e brutalizante força do mal, recusar ser rebaixado ao nível de animais, superar a tortura, sobreviver aos torturadores, isso também foi resistência. Meramente oferecer o testemunho da própria narrativa foi, no fim, contribuição para uma vitória moral. Simplesmente sobreviver foi uma vitória do espírito humano.

Martin Gilbert,
The Holocaust: A Jewish Tragedy (Collins, 1986)

Sumário

Agradecimentos 11
Prefácio 13

PARTE I *De Viena a Amsterdã*

Árvore genealógica 16
1 Refugiados 17
2 Amsterdã 31
3 No esconderijo 49
4 Captura 57
5 Prisão 65

PARTE II *Auschwitz-Birkenau*

6 Deportação 73
7 Birkenau 81
8 Minni 93
9 "Canadá" 103
10 Reencontro 111
11 Sozinha 121
12 Pappy 133
13 A história de Mutti 141
14 Mutti 149
15 Libertação 157

PARTE III *Jornada pela Rússia*

	Mapa da Jornada	170
16	Os russos	171
17	Do lado de fora do portão	179
18	A estrada para Auschwitz	185
19	Auschwitz	191
20	Katowice	199
21	Chernivtsi	207
22	A Jornada de Mutti	213
23	Odessa	223
24	Repatriação	235
25	Holanda	243

Epílogo 247

Postscriptum *de Fritzi Frank* 251

Agradecimentos

Não teríamos conseguido escrever este livro sem o interesse e o encorajamento de muitos parentes e amigos. Contudo, temos que agradecer especialmente a Zvi Schloss, pelo paciente apoio e os conselhos úteis; a Michael Davies, pela pesquisa acadêmica sobre os eventos da Segunda Guerra Mundial, cenário no qual se passa esta história; a Alistair McGechie, pela edição capaz e compreensiva; a Pat Healy, pela fé na publicação deste livro.

Devemos muito a Frank Entwistle, cujas sugestões construtivas e conselhos sábios tornaram mais fácil a caminhada.

E, finalmente, a Fritzi Frank, a quem oferecemos nosso amor e agradecimento pelas abundantes notas e lembranças que cedeu sem reservas.

Prefácio

Este livro teve início há cerca de três anos. Meu marido e eu tomávamos café com nossos bons amigos Anita e Barry. Anita, que veio para a Inglaterra como uma criança refugiada na década de 1930, mencionou que seu marido, que tinha 10 anos quando a guerra terminou, na verdade não sabia muito o que acontecera comigo durante o Holocausto.

Após alguns momentos de hesitação, lentamente comecei a contar algumas das minhas experiências. Apesar das perguntas intensas e do profundo interesse, o conhecimento que tinham daquele tempo parecia tão pequeno que logo me vi entrando em detalhes, alguns dos quais não revelara a ninguém e, de fato, reprimira por muitos anos.

No fim da noite, estávamos todos chorando e quase sem poder falar pela emoção. Meus amigos ficaram chocados ao pensar na distância que hoje existe entre a maioria das pessoas e esses eventos.

Eles — e o meu marido — instaram-me a escrever minha história. Esse pensamento não me abandonou nas semanas seguintes. Abriu caminho para outros: deixei minha vida passar pela minha frente. Apesar do que me aconteceu durante a guerra, não tenho sentimentos de amargura ou ódio, mas, por outro lado, não acredito na bondade do homem.

Minha irmã de criação, Anne Frank, escreveu em seu *Diário*: "Ainda creio que bem no fundo os seres humanos têm bom coração." Não posso deixar de lembrar que ela escreveu isso *antes* de passar por Auschwitz e Belsen.

Durante os anos terríveis, eu sentia que estava sendo protegida por um ser todo-poderoso, mas essa fonte de confiança começou a dar espaço para algumas perguntas perturbadoras. Por que eu havia sido poupada e não milhões de outras pessoas, incluindo meu irmão e meu pai? O mundo estava melhorando como resultado da experiência de aniquilação em massa? Não seria necessário contar essa história de novo e de novo e examiná-la de todos os ângulos? Quanto tempo restava para os poucos sobreviventes antes que suas memórias inimagináveis, as quais somente eles podiam trazer à luz, fossem esquecidas? Eu e os demais sobreviventes não tínhamos o dever para com os milhões de vítimas de diminuir as chances de suas mortes terem sido em vão?

Fiquei convencida de que, se pudesse fazer com que algumas pessoas dessem mais valor a seus semelhantes, realizaria algo valioso e que era meu dever tentar.

Decidi então procurar a amiga Evelyn Kent para que me ajudasse a escrever a história das minhas experiências no Holocausto. Havia falado umas poucas palavras quando ela me interrompeu, dizendo: "Eva, estou esperando desde que a conheci, vinte anos atrás, para escrever a sua história."

Foi assim que decidimos escrever este livro.

PARTE I

De Viena a Amsterdã

ÁRVORE GENEALÓGICA

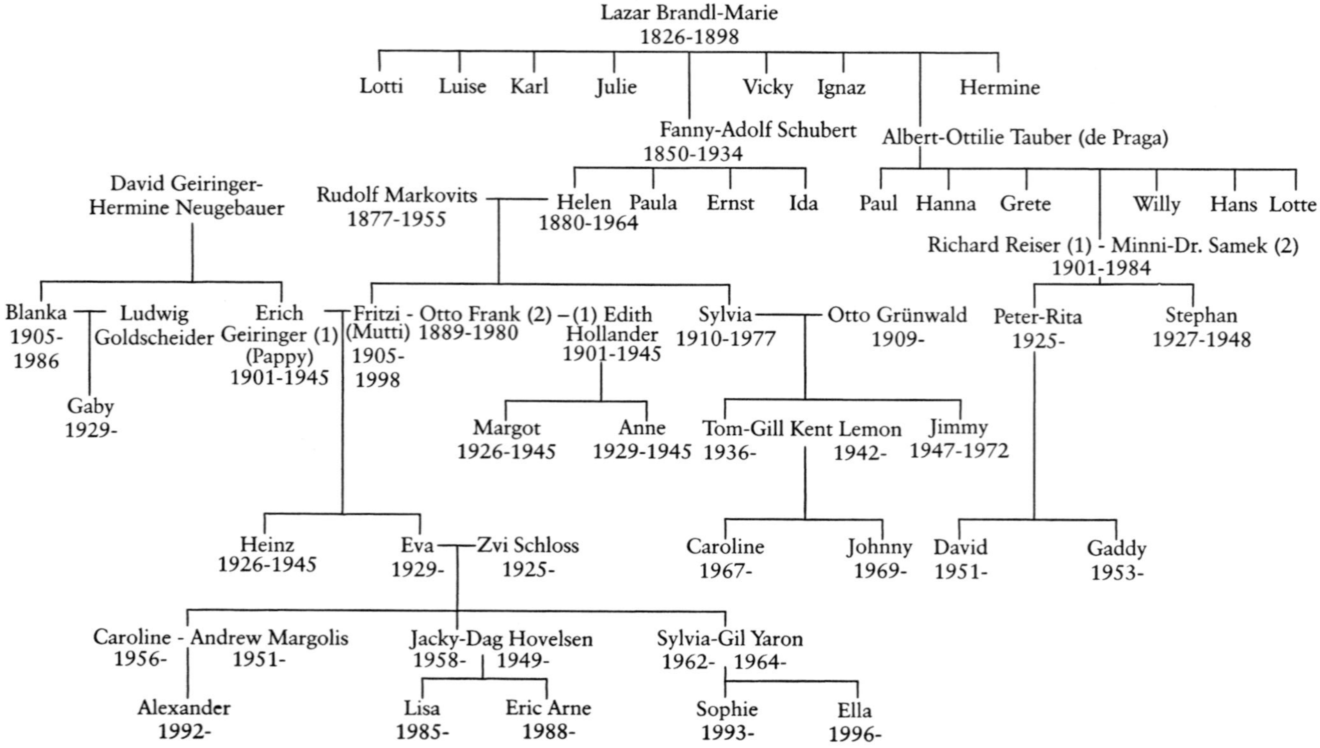

1

Refugiados

Durante vários anos após o horror, tive um pesadelo recorrente... *Estou caminhando sozinha por uma rua ensolarada que subitamente torna-se sinistra. Estou prestes a cair num buraco negro...* Eu acordava suando e tremendo. Ele vinha me assombrar nas noites em que menos esperava, mas eu me livrava repetindo para mim mesma "*tudo já acabou, graças a Deus. Estou viva*".

Assim, seguia com a minha vida cotidiana na Inglaterra sem falar muito sobre o passado porque havia reprimido as memórias por bastante tempo.

Agora, quero reconhecer o milagre e lembrar-me claramente daqueles que me ajudaram a sobreviver a Birkenau. Devo muito a eles e não quero esquecê-los.

Nasci em Viena, em 11 de maio de 1929. Minha mãe, Elfriede Markovits — apelidada Fritzi — vinha de uma família judia de classe média. Era cheia de vida e bela, e com 18 anos casou-se com Erich Geiringer, um atraente e empreendedor homem de negócios austríaco de 21 anos.

Foi amor à primeira vista, eles sempre me disseram. Minha mãe era alta e loira, e meu pai tinha cabelos escuros, olhos azuis penetrantes e um sorriso luminoso que encantava as mulheres. Juntos, formavam um casal maravilhoso.

Fritzi e Erich — Mutti e Pappy para mim — adoravam-se e, nos dias despreocupados do início do casamento, faziam parte de um grande círculo de recém-casados que se encontravam aos fins de semana para caminhadas nas montanhas da Áustria. Meu pai era cheio de energia, um fanático pela boa forma que gostava de todos os esportes e atividades ao ar livre.

Em 1926, eles foram abençoados com um filho que chamaram de Heinz Felix e, quando eu cheguei, três anos depois, ficaram extasiados em ter uma filha para completar a família.

Os pais e a irmã da minha mãe viviam perto, de modo que Mutti nos levava para visitá-los todos os dias. Meus pais não eram religiosos no sentido estritamente judeu ortodoxo. Gostavam de sentir-se como uma parte integral da comunidade austríaca, mas tinham amigos judeus íntimos, cujas crianças foram meus amigos de infância. Quando entrei na escola, comecei a entender o que significava ser judia, porque todas as crianças judias eram separadas do resto da classe durante o evangelho. Tínhamos nossas próprias aulas de religião, nas quais aprendíamos orações em hebraico, um pouco da história judaica e ritos. Heinz e eu apreciávamos nosso legado e, quando pedimos a Mutti para acender velas nas noites de sexta-feira para receber o sabá, ela o fez para nos agradar, mas éramos levados à sinagoga somente nos Grandes Feriados.

À medida que Heinz e eu crescíamos, Pappy encorajava um sentimento de resiliência e autoconfiança em nós.

— Você nunca deve ter medo — ele dizia, jogando-me na extremidade profunda da piscina quando eu era muito pequena, com Mutti apavorada ao lado.

Quando eu tinha 3 anos, às vezes ele me punha sentada no alto de um grande armário e falava para eu pular para os seus braços ou ficar lá em cima. Apesar do medo, eu confiava nele e, naturalmente, Pappy sempre me pegava. Eu gostava desses desafios, mas Heinz era bem mais sensível e, embora fosse três anos mais velho do que eu, frequentemente se assustava.

Nos feriados, Pappy nos levava para escaladas nas montanhas tirolesas e nos Alpes austríacos. Sempre era uma aventura excitante para mim. Uma vez, quando eu tinha 4 anos, ficamos perdidos por várias horas, e as minhas botas passaram a incomodar tanto que as tirei e alegremente escalei as rochas descalça.

Às vezes, Pappy amarrava uma escada de corda numa árvore ou pedra no alto de um precipício, e nós dois descíamos como se fôssemos Tarzan, enquanto Mutti e Heinz esperavam por nosso retorno. Eu idolatrava Pappy e adorava imitá-lo. Ao contrário de Heinz, eu compartilhava do seu amor por esportes físicos e estava determinada a ser forte para agradar-lhe.

— É ruim para a postura dormir em travesseiros e colchão moles — Pappy nos disse certa vez.

Assim, no próximo domingo em que saímos, trouxe para casa uma pedra grande e chata para usar como travesseiro. Heinz e eu dividíamos um quarto e, para minha irritação, ele riu de mim.

Eu era bastante implicante com comida e, embora fosse perfeitamente saudável, tinha muito pouco peso. Mutti me obrigava a engolir uma colher de óleo de fígado de bacalhau todo dia, o que me deixava nauseada. Preferia pratos de espaguete e salsichas, mas em vez disso tinha de me contentar com repolho roxo e espinafre, os quais odiava. Mutti insistia para que eu comesse tudo. Se eu me recusava a comer bastante, ou fazer o que mandavam, ficava de castigo num canto. Eu tinha uma tendência desafiadora, rebelde, e me recusava a pedir desculpas mesmo quando sabia que havia errado.

Heinz era diferente, mais obediente e com mais talento criativo que eu.

— Você é a prática, Evi — Mutti dizia com carinho —, mas Heinz é o inteligente.

Ele lia vorazmente e tinha uma imaginação vívida. Heinz me deixava fascinada com histórias do seu escritor favorito de *westerns*, Karl May. Ele brincava de ser Winnetou, um pele-vermelha, enquanto eu imaginava ser o velho parceiro, Shatterhand. Às vezes, quando estávamos sozinhos no quarto, meu irmão inventava histórias de fantasmas e as sussurrava em voz baixa e misteriosa, me aterrorizando e excitando ao mesmo tempo. Ele brincava com as luzes da lanterna no teto: vermelho, verde, amarelo — dançando em padrões que faziam com que eu pensasse que realmente havia um fantasma ali.

Heinz descobriu um jeito de me fazer chorar simplesmente contando uma história em que ele era um idoso solitário, abandonado e prestes a morrer, sem ninguém no mundo para lamentar por sua alma. Sua voz ficava entrecortada e rouca, e eu acabava tão envolvida que chorava sem parar. Fizemos um pacto para usar esse truque quando houvesse visitas em casa. Heinz dizia "aposto que posso fazer Eva chorar em três minutos sem tocar nela!".

Dito e feito, quando ele começava a contar a história, as lágrimas saltavam dos meus olhos. Eu não conseguia aguentar o pensamento de ele morrer.

Aos 7 anos, Heinz teve uma infecção ocular que não foi corretamente diagnosticada e, como resultado, tornou-se crônica. Meus pais se preocupavam bastante com ele. Quando tinha 9 anos, apesar de incontáveis visitas a especialistas e hospitais, acabou perdendo uma das vistas. Heinz aceitou isso estoicamente e não permitiu que o fato estragasse sua infância.

Meu irmão e eu éramos parte de uma família feliz e unida, com avós, tias, tios e primos que gostavam de ficar juntos. Naqueles primeiros anos, mal desconfiávamos de que judeus em Viena, religiosos ou não, estavam prestes a se ver sob uma ameaça maligna. Hitler e os nazistas chegaram ao poder na Alemanha em 1933, quando eu tinha 4 anos, desencadeando ondas de manifestações antissemitas.

Na Alemanha, ataques a judeus e suas propriedades eram fortemente encorajados. Em 12 de março de 1938, em meio a grande alegria dos austríacos, os alemães marcharam Áustria adentro e a atmosfera mudou da noite para o dia em Viena. Conhecidos não judeus subitamente tornaram-se abertamente hostis. Muitos judeus perceberam o perigo que corriam e partiram às pressas para Holanda, Grã-Bretanha ou Estados Unidos.

Das pessoas da nossa família, a irmã mais jovem de Mutti, Sylvia, com o marido, Otto Grunwald, e o filhinho, Tom, partiram para a Inglaterra em agosto de 1938. Eles foram para Darwen, Lancashire, onde havia grande desemprego. Como especialista no processo de baquelite (um precursor do plástico moderno), Otto recebera do governo britânico permissão para se estabelecer como consultor de um fabricante de cabos de guarda-chuva. Um ano depois, ele mandou buscar os pais de Mutti, que chegaram pouco antes da eclosão da guerra.

A irmã de Pappy, Blanca, casara-se com um historiador da arte, Ludwig Goldscheider. A filha do casal, Gaby, era um mês mais velha do que eu e minha melhor amiga. Eles fugiram imediatamente para Londres. A Phaedon Press, a editora de arte em que tio Ludwig trabalhava, mais tarde transferiu os negócios de Viena para a Inglaterra e continuou publicando com sucesso livros de arte.

Meu pai também decidiu fazer planos de emigração para um país seguro. Ele pensou em levar o seu negócio de sapatos para o sul da Holanda, onde havia uma concentração dessa indústria. Assim, teríamos a escolha de viver em Bruxelas ou Amsterdã. Mutti queria restabelecer a família numa cidade cosmopolita que, sob muitos aspectos, fosse semelhante a Viena e preferia Bruxelas, principalmente devido à língua. Toda a família falava bem francês, exceto eu, que era jovem demais para ter aprendido quaisquer línguas além do alemão nativo.

Pappy sempre fabricara sapatos. Herdara a primeira fábrica do pai, mas esta fracassou na depressão econômica de 1933. Depois disso, teve a ideia de criar uma manufatura caseira de mocassins. Ele empregou mulheres que ficavam em suas casas tricotando as coloridas partes superiores, que eram costuradas em solas de couro por um grupo de sapateiros da sua velha fábrica. Esse empreendimento foi tão bem-sucedido que Pappy logo passou a exportar para Estados Unidos e Holanda e a planejar montar uma reserva de capital num banco holandês. Em maio de 1938, ele nos deixou em Viena, levando sua técnica manufatureira para a Holanda, onde fez sociedade com o proprietário de uma fábrica de sapatos em dificuldades. Logo, com sua capacidade, as perdas se transformaram em lucro.

Sua determinação de nos buscar assim que possível se fortaleceu no dia em que Heinz voltou da escola com sangue escorrendo de um corte no olho. Ele havia sido intimidado e agredido por colegas da classe simplesmente por ser judeu. O banditismo estava começando a dominar, e não tínhamos defesa contra ele.

Após esse ataque, meus pais decidiram que, pelo momento, Heinz viajaria sozinho para viver com Pappy em Brabant. Mutti ficou comigo para tentar vender o máximo possível de nossas posses. Ela sabia que não teríamos permissão para tirar muito dinheiro da Áustria e, assim, decidiu me abastecer pelos próximos dois anos. Fomos fazer compras na Bitman, uma grande loja infantil no centro de Viena, onde ela gastou uma vultosa soma de dinheiro comprando roupas para mim, de cuja maioria eu gostei. Ela entrou com grande alarido na seção de capas.

— Vamos viver em Bruxelas — Mutti disse para a ansiosa vendedora —, e quero um casaco e um chapéu muito elegantes para a minha filha.

— Eu tenho o que você precisa — disse a vendedora e, para meu horror, ressurgiu segurando um casaco de lã laranja e um chapéu xadrez escocês para combinar com a gola.

Eu achei horroroso.

— Não vou usar isso! — exclamei.

— Claro que vai — disse Mutti —, todas as meninas belgas estão usando casacos elegantes como esse.

Ela olhou para a vendedora, que balançou a cabeça em aprovação. Torci para que não servisse em mim.

— Um pouquinho grande — disse Mutti. — Muito bom, tem espaço suficiente para você crescer.

Apesar dos meus protestos, ela comprou o casaco. Teimosamente, eu pensava que nem mesmo Mutti poderia me obrigar a vesti-lo.

Quando chegamos em casa à noite, havia uma carta de Pappy mandando-nos ir encontrá-lo em Breda, Brabant. Uma semana depois, em junho de 1938, deixamos a Áustria de vez para ficar com Pappy e Heinz numa casa particular, pagando pela hospedagem.

Breda era uma pequena cidade provincial holandesa no sul, perto da fronteira belga. Era totalmente diferente da metropolitana Viena e, para mim, a vida ali parecia um feriado no campo. As últimas semanas haviam sido extremamente estressantes para todos. Pelo momento, ao menos estávamos reunidos novamente e longe da atmosfera ameaçadora de Viena. Em contraste com os austríacos, os holandeses eram pessoas hospitaleiras e amigáveis, e faziam com que nos sentíssemos muito bem recebidos.

Todos na Holanda pareciam ter uma bicicleta, e num domingo ensolarado, como uma celebração especial, alugamos quatro bicicletas. Fizemos um piquenique tranquilo e agradável no campo, e enquanto olhava para as nuvens, deitada na grama, eu pensava em como tinha sorte por não precisar ir para a escola no dia seguinte. Sabia que, quando entrasse numa escola em Bruxelas, as aulas seriam em francês, e não tinha ideia de como conseguiria lidar com isso.

Foi uma curta trégua antes do caos que viria. No final de julho, providências haviam sido tomadas para que Heinz e eu fôssemos para escolas na Bélgica. Mutti, Heinz e eu mudamos para uma pensão na periferia de Bruxelas, e Pappy prometeu nos visitar todos os fins de semana. Quase da noite para o dia, tornamo-nos refugiados.

O proprietário da pensão era belga, um certo Monsieur LeBlanc, que se casara com uma viúva francesa que tinha um filho chamado Jacky. Ele tinha 9 anos, a mesma idade que eu, e ficamos amigos. Jacky me ensinou que as pessoas podem se tornar amigas sem falar a mesma língua. Nós brincávamos juntos, fazendo companhia um para o outro e, sem perceber, eu estava aprendendo francês o tempo todo.

Nossa família dormia em dois quartos. Eu dividia um com Heinz, e Mutti dormia no seu pequeno aposento com Pappy nos fins de semana. Fazíamos as refeições numa grande sala comunal com outras famílias, de judeus alemães e tchecos, que estavam na mesma situação difícil que nós. Uma viúva idosa francesa ficava num canto e, no outro, um solteirão de meia-idade, aposentado do serviço público no Congo Belga. Era um homem sinistro, que me deixava bastante assustada.

Um dia, Jacky e eu fomos ao seu quarto, quando ele não estava, e vimos uma coleção de armas, arpões e lanças de aparência perigosa, pendurados na parede. Estávamos examinando-os com grande curiosidade, quando o ouvimos entrando. Como piada, só para assustá-lo, demos um pulo e gritamos. Sem hesitar, ele pegou uma lança congolesa da parede e veio em nossa direção. Nós corremos em pânico para fora do quarto e, depois disso, nos mantivemos bem longe dele!

Em algumas tardes, eu acompanhava Mutti ao centro de refugiados, onde as pessoas tinham oportunidade de fazer contato entre si, obtendo conselhos e assistência para todo tipo de problemas práticos: onde adultos podiam conseguir aulas de francês; como se apresentar à polícia; como conseguir algum auxílio financeiro. Havia infindáveis formulários para preencher. Era um centro de trânsito para muitos que estavam a caminho da Grã-Bretanha e da América, e então meus avós chegaram para ficar na nossa pensão por alguns dias antes de seguirem para a Inglaterra.

À noite, não tínhamos nenhum lugar para sentar, exceto em nossos quartos. Eu deitava na cama com olhar desconsolado enquanto Heinz aplicadamente fazia as lições de latim e francês. Ele não tinha tempo para mim e então eu acabava descendo ao pátio para brincar com Jacky. Havia uma caixa cheia com as roupas velhas da mãe dele, e nós nos vestíamos e fingíamos ser adultos até Mutti me mandar para a cama.

Mesmo numa rotina de alojamento, Mutti tentava manter a minha vida o mais normal possível, matriculando-me na escola local. Como poderia ser normal para mim? Durante oito anos eu ouvira e falara somente alemão e, de repente, todas as aulas eram em francês. Eu estava desesperada. Não conseguia entender as mais simples instruções. As outras crianças tentavam me ajudar, mas logo desistiam quando percebiam que eu não entendera nenhuma palavra. As aulas eram bastante diferentes da minha antiga escola, onde fazíamos somas simples no caderno. Ali, as crianças pareciam fazer de cabeça e quando a professora perguntava o que soava como tabelas de multiplicação elas imediatamente gritavam as respostas. A mim restava me manter muda e miserável.

A professora jovem e bonita se esforçava ao máximo para me encorajar, mas eu estava desesperadamente infeliz. Depois de um mês, ela tentou me envolver nas aulas. Um dia, fez um ditado com uma pequena história em francês e todas as crianças, inclusive eu, tiveram que escrevê-la nos cadernos com a grafia correta. No dia seguinte, quando as folhas foram devolvidas com as correções, todos tiveram de falar o número de erros marcados. Minha página estava toda vermelha; meus erros somavam o mesmo número de palavras na história. Senti-me tão humilhada que corri chorando para Mutti em casa.

Mutti decidiu que eu deveria aprender vinte palavras por dia: ela me ensinava as palavras francesas para objetos familiares e me fazia repeti-las depois dela. Em seguida, eu as escrevia e tentava aprendê-las. Eram tantas palavras novas que na sexta-feira eu já esquecera o que havia aprendido na segunda, o que deixava Mutti tão frustrada comigo (além de todas as suas outras preocupações) que ela me dava palmadas fortes. Assim, havia ainda mais lágrimas no fim dessas aulas.

— Você é tão teimosa — Mutti dizia, exasperada, o que era verdade, já que àquela altura eu havia me recusado a usar o casaco laranja, e Mutti teve de tingi-lo de azul-marinho.

9 de novembro de 1938 — Kristallnacht, o incêndio de 7.500 lojas judaicas e sinagogas na Alemanha

Gradualmente, a densa névoa de uma nova língua começou a desaparecer. Perto do Natal, houve uma noite especial para toda a classe. Todos os pais, incluindo Mutti e Pappy, sentaram-se na sala, enquanto cada um de nós recitava uma poesia. A professora nos apresentava e, um a um, íamos até a frente da sala para recitar. Ela havia me dado uma fábula de La Fontaine — era bem longa, mas eu estava determinada a aprender de cor em francês fluente. Na minha vez, ela me introduziu com as palavras "uma mocinha austríaca judia que se aplicou muito". Era verdade, mas ao caminhar até a frente, o poema sumiu da minha cabeça. Fiquei ali, olhando calada para as fileiras de rostos.

— Vamos, Eva, é a sua vez agora — ela disse.

Eu abri a boca e, para minha surpresa, todas as palavras jorraram como se eu as tivesse conhecido por toda a minha vida. Quando terminei, todos aplaudiram. Ao olhar para meus pais e Heinz, que sorriam orgulhosamente, me senti bastante feliz comigo mesma.

15 de março de 1939 — A Alemanha invade a Boêmia e a Morávia (Tchecoslováquia)

Após o sucesso com a declamação, senti-me como parte da classe e passei a gostar da escola. Eu voltava para Mutti depois das aulas para contar as novidades, mas, para ela, a vida era muito menos simples e tranquila. Mutti sentia falta de estar no comando da própria casa e tinha maior consciência do perigo da nossa posição de refugiados apátridas. Ela sentia muita saudade da vovó, com todos os seus dominadores conselhos de como nos educar, e da companhia das tias Sylvia e Blanka. Embora houvesse uma ou duas amigas que encontrara no centro de refugiados, não havia mais as reuniões e conversas despreocupadas. Pappy tentava vir da fábrica em Brabant na maioria dos fins de semana, mas todos nós sentíamos falta da segurança da nossa própria casa.

No começo de maio, perto do meu nono aniversário, eu queria muito ter uma festa com as amigas da escola.

— Ah, por favor, Mutti! — eu apoquentava. — Quero muito uma festa e assoprar velas num bolo!

— Bom, está bem, Eva — ela por fim disse, embora relutante. — Mas antes temos de perguntar a Madame LeBlanc.

Para minha alegria, ela concordou.

— Veja, apenas um pequeno grupo de seis na minha sala de jantar — ela disse. — Mas eu farei um bolo especialmente para você.

Fiquei tão feliz! Cheia de entusiasmo, escrevi os convites para as minhas três amigas especiais na classe. No intervalo, elas perguntaram o que eu gostaria de ganhar de presente e, muito animadas, decidimos juntas que jogos brincaríamos. Mas, na manhã seguinte, todas as três disseram que os pais não permitiriam que fossem. Eu não conseguia acreditar. Por quê? Fiquei confusa e magoada. Acho que foi aí que comecei a me dar conta do que significava ser judia na época. Foi bastante doloroso e me senti como uma pária.

23 de agosto de 1939 — Pacto Nazi-Soviético de Não Agressão

Em agosto, Pappy nos levou para uma pequena pensão em Zandvoort, na Holanda, para férias à beira-mar. O tempo estava perfeito. Passamos duas semanas despreocupadas correndo pelas dunas, nadando no mar e jogando água uns nos outros. Tudo parecia glorioso. Estava explodindo de alegria até retornarmos para Bruxelas e a escola no fim do mês.

1º de setembro de 1939 — A Alemanha invade a Polônia
3 de setembro — A Grã-Bretanha declara guerra à Alemanha
4 de setembro — A França declara guerra à Alemanha

No começo de setembro, muita coisa aconteceu rápido demais. Quando eclodiu a guerra entre Inglaterra e Alemanha, Pappy se deu conta de que as fronteiras entre Holanda e Bélgica provavelmente seriam fechadas e, então, tomou providências imediatas para que fôssemos viver com ele na Holanda. Como refugiados estrangeiros, contudo, tivemos de esperar até fevereiro de 1940 pelos papéis apropriados e somente aí pudemos nos juntar a ele.

2

AMSTERDÃ

Alugamos um apartamento mobiliado no primeiro andar de uma praça de Amsterdã isolada e nova, Niew Zuid, 46 Merwedeplein. Embora a vida estivesse cercada de incerteza e temor devido à guerra, eu me sentia muito mais contente e segura, porque estávamos novamente juntos como uma família. Isso, para mim, era a única coisa que importava.

Eu crescia rápido. Assim que chegamos à Holanda, Pappy colocou nós dois, Heinz e eu, encostados na parede do quarto e fez marcas de lápis indicando nossas alturas.

— Vocês fizeram suas marcas aqui agora — ele disse —, então este quarto é seu.

Quando ele me mediu, um mês mais tarde, fiquei contente ao descobrir que havia crescido um centímetro, e o mesmo acontecera com Heinz.

Meu irmão e eu dividíamos o quarto dos fundos, que levava a uma pequena sacada com uma geladeira no canto. Uma vez por semana, o vendedor de gelo vinha e Heinz tinha de carregar uma enorme pedra ensacada para colocar no chão da geladeira em que Mutti guardava leite, manteiga, queijo e carne. Às vezes, saíamos escondidos no meio da noite e pegávamos uma salsicha para um lanche noturno. Sentávamo-nos nas camas mastigando, sussurrando e nos divertindo. Depois da formalidade da pensão, era maravilhoso ter a própria casa.

Os moradores da praça tinham de participar de exercícios antiaéreos e de combate a incêndio; assim, Mutti e Pappy logo travaram amizade com outras famílias judias. Havia um espírito de camaradagem entre elas, com os vizinhos ajudando a manter o ânimo alegre de todos. Pappy ficou bastante amigo de um vizinho, Martin Rosenbaum. Ele era um homem bondoso, casado com uma cristã austríaca, Rosi. Os dois não tinham filhos, mas ele frequentemente nos elogiava para Pappy.

— Que crianças adoráveis você tem, Erich — dizia —, e tão talentosas.

Isso certamente era verdade quanto a Heinz. Mutti ficara contente ao encontrar um piano na sala do apartamento. Ela e Heinz tocavam bem e, logo, Heinz começou a ter novamente aulas de piano. Ele praticava exercícios de Chopin e depois tocava jazz, que tirava de ouvido. "*Bei mir bist du sheyn,* de novo e de novo, *bei mir bist du sheyn* significa que você é ótimo." Eu adorava dançar pela sala enquanto ele tocava, fazendo de conta que estava num palco, enquanto Mutti ou Pappy me aplaudiam.

Mutti descobriu um violoncelista e um violinista entre os novos conhecidos. Eles vinham ao apartamento uma vez por semana para praticar música de câmara. Era demais para Pappy. Quando o violino estridente começava, ele dizia que ia "tomar um pouco de ar fresco" e escapava para o apartamento de Martin. Eu costumava ver os dois saindo para passear.

Mais uma vez, fui mandada para a escola primária local e me conformei em ter de aprender outra língua. Era holandês, mas dessa vez foi mais fácil, porque o flamengo que eu ouvia na Bélgica uma vez por semana era similar. Pelo menos eu podia entender um pouco: a maioria das escolas primárias holandesas ensinava francês e, a essa altura, meu francês era quase fluente.

Tinha um lado ruim, porque eu pensava que era melhor que a professora. Quando ela errava a pronúncia de uma palavra em francês — o que era frequente —, eu a corrigia. Sentia-me muito importante, mas ela ficava furiosa e descontava em mim no resto das aulas. Ela era realmente desagradável comigo, mas eu não ligava, porque isso me dava bastante prestígio com o resto da classe.

A rotina diária em casa me deu a segurança que não experimentava havia muito tempo. Nas primeiras noites da primavera, eu podia ouvir o barulho das crianças brincando na praça lá embaixo. Parecia um lugar perfeito para brincadeiras — uma rua sem passagem no formato de um triângulo, com um gramado numa ponta e arbustos e árvores recém-plantados. Todas as crianças das redondezas se juntavam ali para se medirem e brincar juntas.

Muitas famílias judias viviam nessa área desde 1933, de forma que, a essa altura, as crianças judias formavam panelinhas fechadas que tendiam a manter afastadas as que chegavam. Eu ficava por ali, esperando que alguém viesse falar comigo, ansiosa para me juntar, mas elas não me queriam. Fiquei contente quando alguns dos meus colegas da escola vieram à praça e perguntaram se podiam ser meus amigos. Suponho que eu era uma novidade, mas em pouco tempo estava jogando bolinha de gude com eles, riscando o chão para amarelinha ou pulando corda. Então Pappy comprou uma bicicleta de segunda mão para que eu brincasse como todas as outras crianças. Nos primeiros meses de 1940, enquanto circulava com as amigas usando o indispensável uniforme de capa azul e botas de borracha, por fim senti que realmente fazia parte de algo. Com frequência, quando não estava chovendo, havia um número suficiente de crianças para formar times para jogar *rounders*.[1] Era a melhor parte, porque exigia a seleção de jogadores e, como eu era uma boa rebatedora e corredora, de repente todos queriam me escolher, o que restaurou a minha autoestima.

Gradualmente comecei a recuperar minha animação natural. A vida parecia estar melhorando ao redor. Os pássaros cantavam nas prolongadas tardes de abril e, após voltar para casa quando as aulas acabavam, eu corria para a praça para brincar e entrar para a gangue. Às seis, minha mãe me chamava para jantar, mas eu sempre relutava em ir embora e protestava vigorosamente — afinal de contas, algumas crianças continuavam na rua depois das oito! —, mas Pappy insistia para que eu estivesse em casa na hora da ceia. Ao contrário de Mutti, eu não era gentil e dócil: herdara o temperamento forte de Pappy e ele me deixava muitas vezes de castigo em casa por causa da minha teimosia. Eu tinha tanto entusiasmo e energia que sempre queria estar na rua, onde as coisas aconteciam.

Com o tempo, comecei a construir amizades especiais. Desenvolvi uma simpatia por Suzanne Lederman. Ela tinha luminosos olhos violeta, pele de pêssego e grossas tranças escuras que chegavam ao meio das costas. Eu me mantinha ao lado dela o tempo inteiro, mas Suzanne queria ficar com duas meninas animadas chamadas Anne e Hanne. Esse seletivo grupo de

[1]Espécie de beisebol. (*N. do T.*)

três fazia tudo junto. Nós as batizamos de Anne, Hanne e Sanne, porque formavam um trio inseparável, cada uma delas era um pouco mais sofisticada que o resto de nós — estavam mais para adolescentes. Elas não queriam participar dos nossos jogos infantis e sentavam juntas nos observando e dando risadinhas dos meninos, o que eu achava uma bobagem. Elas viviam folheando revistas de moda e colecionando fotos de astros do cinema.

Do meu quarto, eu podia ver a janela do quarto de Suzanne, e às vezes trocávamos mensagens. Numa tarde quente de domingo, quando estava sentada com Suzanne na escada do meu apartamento, ela me disse o quanto admirava a amiga Anne Frank por ter tanto estilo.

Era verdade. Uma vez, quando Mutti me levara para a costureira local para fazer uma modificação num casaco, estávamos sentadas esperando nossa vez quando ouvimos a conversa dentro do provador. A cliente estava bastante determinada a ter as coisas benfeitas.

— Ficaria melhor com ombreiras maiores — podíamos ouvi-la falando num tom de voz assertivo —, e a barra devia ser um pouquinho mais alta, você não acha?

Então a costureira concordou, e eu, sentada ali, desejei poder escolher exatamente o que queria vestir. Fiquei boquiaberta quando as cortinas se abriram e lá estava Anne, sozinha, tomando decisões sobre a sua própria roupa. Era cor de pêssego, com ornamentos verdes.

Ela sorriu para mim.

— Você gosta? — perguntou, dando um giro.

— Oh, sim! — disse, mal respirando de tanta inveja.

Eu não estava nesse nível! Anne parecia muito mais crescida do que eu, apesar de eu ser um mês mais velha. Ela estudava na escola Montessori local e estava um ano inteiro na minha frente.

O apartamento de Anne ficava em frente ao meu, do outro lado da praça. Eu ia com frequência lá porque queria estar perto de Suzanne. Os Frank também tinham um grande gato listrado que ronronava de satisfação quando eu o pegava no colo. Queria muito ter um animal de estimação meu, mas Mutti recusava com firmeza. Eu entrava na sala para acariciar o gato e encontrava o Sr. Frank me observando com olhos curiosos. Ele era bem mais velho que Pappy e muito bondoso. Depois que percebeu que eu não falava muito bem holandês, fez questão de conversar comigo em alemão. A Sra. Frank fazia limonada para as crianças, e nos sentávamos na cozinha, bebendo juntas.

Heinz havia desenvolvido uma atração por duas meninas que viviam na mesma praça. Uma, Ellen, era uma imigrante judia como nós, mas a outra, Jopie, era uma loira holandesa bonita. Eu ficava ressentida da atenção que ele dava às duas — na verdade, não gostava da ideia de o meu irmão dar atenção a outra garota qualquer. Fiquei bastante ciumenta. Afinal de contas, eu era a irmãzinha dele e tinha grande orgulho de Heinz, de seus dons musicais e mente brilhante. Exceto por isso, não havia muita coisa me incomodando. Era primavera e eu adorava Amsterdã, onde finalmente a minha vida estava retornando à normalidade.

10 de maio de 1940 — Invasão alemã na Holanda e na Bélgica

Pensáramos estar em segurança vivendo na Holanda, e nos acomodamos desfrutando a nova vida. Então, para horror de todos, os nazistas invadiram o país.

Em 13 de maio, minha família, com outros milhares de pessoas, foi para o porto tentar embarcar num navio para fugir para a Inglaterra. Ficamos na fila durante horas, mas em vão. Todos os navios ou já tinham partido ou estavam lotados e, por fim, nos comunicaram que era tarde demais.

14 de maio de 1940 — A Luftwaffe alemã bombardeia Roterdã para forçar a capitulação da Holanda. Após cinco dias, a Holanda se rende

O país agora estava sob total controle dos nazistas. Havia soldados alemães por todas as partes. Apesar de os alemães anunciarem inicialmente que nada mudaria, a cada semana eram divulgadas no rádio e em pôsteres novas regulamentações para nos restringir.

Hitler decretou que crianças judias tinham de frequentar escolas judaicas, a serem especialmente abertas para elas. Não haveria permissão para que se misturassem com outras crianças em escolas holandesas e seria preciso encontrar professores judeus, já que os cristãos não tinham autorização para nos ensinar.

Até então, Heinz frequentara o liceu (escola secundária). Ele, então, teve de ir para a Escola Judaica, onde conheceu Margot Frank, irmã mais velha de Anne. Os dois ficaram bastante amigos e costumavam fazer juntos a lição de casa. Tinham muito em comum — ambos eram academicamente dotados e ambicionavam ir bem nos estudos. Meus pais conseguiram arrumar um professor particular para mim e eu frequentava a sua casa, com outras crianças, para continuar estudando.

Todos os judeus agora tinham de estar dentro de casa antes das oito da noite e não podiam ir a cinemas, concertos ou teatros. Não tínhamos permissão para utilizar bondes ou trens. Só podíamos fazer compras entre três e cinco da tarde, e somente em lojas judaicas. Todos os judeus eram obrigados a usar uma Estrela de Davi (*Magen David*) amarelo-clara na roupa, para que fossem instantaneamente reconhecidos.

Em 19 de fevereiro de 1941, quatrocentos jovens judeus de Amsterdam Zuid, com idades entre 20 e 35 anos, foram detidos. Em 25 de fevereiro, os sindicatos holandeses organizaram uma greve geral em solidariedade, e todos os transportes e serviços em Amsterdã foram paralisados por dois dias. Os alemães ameaçaram fazer reféns e matá-los se a vida normal não fosse imediatamente retomada. Mesmo assim, alguns bravos cristãos holandeses começaram a usar a estrela amarela em solidariedade a nós e para confundir os alemães.

Mutti teve de comprar as estrelas para nossas roupas. Todas as peças externas deviam exibir uma estrela amarela.

— Jamais tire o casaco se o vestido não tiver uma estrela — Mutti alertou-me enquanto eu a observava costurá-las no casaco azul-marinho e no vestido. — Se qualquer judeu for parado e não estiver mostrando a estrela, os alemães o prenderão.

Com o passar do tempo, durante 1941 e 1942, começamos a nos sentir cada vez mais amedrontados. Pappy agora estava em casa conosco porque fora impedido de viajar até a fábrica em Brabant. Ele teve a ideia de produzir pequenas bolsas redondas de couro de cobra, e logo o negócio se transformou numa florescente indústria caseira, empregando outros que haviam perdido suas ocupações em função dos decretos nazistas. Com isso, obteve os meios para nos sustentar e economizar para uma época em que não mais tivesse condições de trabalhar.

Pappy ia a muitos encontros para discutir a deteriorante situação com outros judeus. Uma noite, nos reuniu e avisou que poderíamos ter de ir para a clandestinidade. Ele achava que teríamos mais chances se nos separássemos e fôssemos para dois esconderijos. Quando comecei a chorar, Pappy explicou que era importante para ele continuar com a linhagem da família, que as pessoas atingiam uma espécie de imortalidade por meio das memórias de filhos e netos, e que iríamos dobrar nossas chances de sobrevivência se nos separássemos. No meio-tempo, ele iria adquirir documentos falsos para quando fôssemos forçados a esconder a identidade judaica.

Os holandeses haviam se organizado a fim de formar grupos clandestinos de resistência para combater os odiados alemães. Pappy fez contato com eles e obteve documentos falsos que nos identificavam como verdadeiros cidadãos holandeses, e não judeus, com nomes e *background* diferentes.

Mutti iria ser Mefrouw Bep Ackerman, mas, apesar de me lembrar do meu novo nome, Jopie Ackerman, eu vivia esquecendo o local e a data de nascimento falsos, e Mutti precisou ficar me treinando.

Heinz, é claro, sabia de cor a sua parte. Nessa época, ele já estava com 15 anos, era alto e tinha uma aparência um tanto judia, o que o preocupava. Eu não precisava me preocupar, porque nasci com olhos azul-claros, pele e cabelos claros, e assim eu parecia com qualquer outra menina holandesa. Mutti era alta, com a postura elegante, de uma escandinava, e sua aparência também não a comprometia. Ela vendeu algumas joias para ter um pouco de dinheiro imediatamente disponível.

Outra preocupação era a nossa saúde. Mutti e Pappy sabiam que, se fôssemos para um esconderijo, seria muito difícil conseguir assistência médica caso ficássemos doentes. Eu estava com uma forte dor de garganta havia várias semanas, e foi decidido que seria preciso extrair as tonsilas.

Já era, então, perigoso demais para um judeu ir ao hospital, já que muitos que deram entrada foram presos e tirados de lá. Um médico local concordou em me operar na sua clínica, onde fui amarrada a uma cadeira e inalei gás hilariante. O gás provocou um estranho efeito em mim. Quando comecei a recuperar a consciência, sonhei que a sala estava em chamas e tudo ao redor queimava. Acordei apavorada. Meus pais me levaram para casa e fiquei de cama por uma semana, sem conseguir falar e capaz de comer apenas sorvete. Mutti e Heinz foram muito atenciosos, e Pappy falou que eu havia sido muito corajosa. Quando a garganta sarou e pude comer normalmente de novo, comecei a me desenvolver rápido e cresci, mental e fisicamente. Nenhuma das crianças na praça falava sobre os segredos das suas famílias. Nós confiávamos na capacidade de nossos pais de lidar com qualquer situação que surgisse. De todo modo, eu não queria pensar muito no futuro porque estava feliz do jeito que era. Não conseguia enfrentar o pensamento de que poderia haver uma separação de Heinz. Eu o adorava e queria ficar com ele. Na verdade, queria que tudo continuasse igual, mas Mutti e Pappy sabiam que isso não era possível, e fizeram planos cuidadosos para o que sentiam que seria o desfecho inevitável da perseguição nazista aos judeus.

Posso me recordar de caminhadas por ruas ensolaradas que começavam a parecer assustadoras. Lembro-me de Heinz voltando da escola uma tarde bastante agitado. Seu amigo Walter havia tirado a jaqueta porque era um dia quente e, como não estava mais usando a estrela amarela, homens das SS pararam os dois e prenderam Walter. Senti que um imenso mal estava prestes a nos engolfar.

1942 — Alemães avançam rumo a Stalingrado

Pappy alugou uma sala vazia num armazém no Singel, ao longo do canal, onde colocou baús para serem enchidos com provisões para nosso esconderijo. A essa altura, a comida já era racionada, de modo que tínhamos de fazer os maiores esforços para economizar da nossa alocação semanal.

Lembro que eu tinha de carregar um pacote de papel marrom. Heinz o colocara na minha bolsa, ajudando-me a prender a correia na cabeça, para que o volume ficasse apoiado no meu quadril direito. Era pesado para mim, com seis latas de leite condensado, seis latas de sardinhas, um pacote de arroz e uma lata de chocolate em pó. Observei Heinz encher sua maleta escolar com latas de extrato de tomate, uma garrafa de azeite, açúcar e algumas barras de chocolate. Mutti e Pappy também preparavam pacotes de alimentos para pôr em suas sacolas.

Já estávamos na primavera, abril de 1942, com botões amarelos e verde-claros cobrindo os galhos dos salgueiros e plátanos na beira dos canais. Mutti e Pappy andavam na frente, Pappy com sua pasta e Mutti carregando uma cesta; Heinz e eu íamos atrás, ao longo das ruas de paralelepípedos ao lado do canal, passando por pequenas pontes, na direção dos armazéns. Minha bolsa era pesada, e o cadarço do sapato se desamarrou. Quando me encostei numa parede de pedra para amarrar o sapato, as latas fizeram barulho e na mesma hora fiquei terrivelmente amedrontada. Mas Heinz estava ali para pôr a mão embaixo da bolsa e estabilizá-la. Eu o adorei por isso. Era domingo, com poucas pessoas na rua, mas havia um mercado mais adiante, então fingimos que íamos para lá.

Assim que chegamos à porta de madeira do armazém, entramos rápido e subimos dois lances de escada até o nosso depósito. Pappy destrancou a porta e fomos descarregar os pacotes e as latas.

— Ponha os tomates nesta mala, com o azeite e o arroz — ele nos dava instruções com segurança —, e as sardinhas e o chocolate ali.

— Ponho o leite condensado com o chocolate em pó? — perguntei. Eram questões importantes para mim, e eu queria ajudar de todas as maneiras possíveis.

Após guardar as mercadorias, nós as cobrimos com um pano e colocamos algumas bolas de naftalina por cima. Iríamos retornar ali muitas vezes. No fim, nossa reserva secreta de fato forneceu sustento para ajudar pessoas a sobreviver às terríveis privações da guerra — mas não nós.

Na manhã de 6 de julho, o correio entregou uma carta para Heinz. Dava instruções para que se apresentasse com uma mochila em três dias no velho teatro da vizinhança. Dali, seria enviado para um campo de trabalho em algum lugar da Alemanha. Mutti ficou desesperada, mas Heinz tentou confortá-la.

— Eu vou, Mutti — ele disse com bravura. — Afinal de contas, meus amigos também vão estar lá. Henk, Marcel e Margot também receberam as cartas, então nós estaremos juntos.

— Vai ser trabalho escravo — soluçou Mutti.

— Eles não vão me machucar se eu trabalhar duro — disse Heinz, olhando para Pappy em busca de apoio.

— Jovens serão úteis para eles — murmurou Pappy —, mas acho que está na hora de sumirmos.

Em 24 horas, todas as providências necessárias foram finalizadas. Pappy e Heinz deveriam se encaminhar para um esconderijo separado. Tudo havia sido organizado pelo movimento clandestino holandês. Mutti e eu iríamos para o endereço de uma professora, uma certa Sra. Klompe, no lado da Amsterdam Zuid.

Passamos as últimas horas juntos como uma família. Quando chegou o momento da partida, me agarrei ao meu pai alto e belo.

— Pappy, não quero ir sem você — chorei. Não conseguia aceitar a ideia de me separar dele novamente.

— Evertje, aja como uma moça crescida agora — ele disse. — Você precisa cuidar de Mutti para mim.

Meus braços envolveram o seu pescoço e os meus pés saíram do chão, enquanto ele me beijava. E então, quando me pôs no chão, segurou os meus ombros, olhou para mim com expressão séria e sussurrou, como numa oração:

— *Deus te abençoe e proteja.* — De repente, senti uma grande força me invadindo, parei de protestar e fiquei quieta.

Heinz ficou ao meu lado, com lágrimas correndo pelo rosto. Ele as enxugou com as mãos, me abraçou e beijou em adeus.

Lembro-me de ir embora do apartamento caminhando com Mutti. Dessa vez, usávamos casacos sem estrelas amarelas, e eu nervosamente segurava uma revista sobre o peito para esconder o fato de que não a estava portando. Dei uma olhada ao redor, na praça em que as crianças costumavam se reunir. Na luz matinal, tudo parecia deserto e abandonado. Não pudemos dar adeus a ninguém, e estava preocupada com o fato de que as amigas sentiriam minha falta à tarde porque não saberiam o que acontecera comigo. Nosso leiteiro afável estava parado com seu carro, mas virou a cabeça, fingindo não nos ver enquanto avançávamos apressadamente pela praça.

Com pequenas sacolas nas mãos, Mutti e eu caminhamos em silêncio por Amsterdã até a casa da Sra. Klompe. Batemos na porta, que foi aberta por uma senhora de meia-idade bem-vestida. Nunca a tínhamos encontrado antes, mas ela disse em voz alta, para o caso de algum vizinho intrometido estar prestando atenção:

— Como vão vocês? Que ótimo vê-las de novo. — E, sorrindo para nós, ficou repetindo: — Entrem! Entrem!

Ela tentava não parecer conspiratória, mas assim que atravessamos a soleira fechou a porta rápido e nos levou para a sala da frente. Após servir chá, discutiu providências com Mutti e então fez um sinal para segui-la, subindo três andares até o sótão, que fora dividido em dois compartimentos. Um era um pequeno quarto, no qual eu iria dormir. O outro era uma sala, com armário, mesa e três cadeiras. Também havia um sofá com desenhos floridos, onde Mutti dormiria.

Descendo alguns degraus, havia um longo recinto, que era um banheiro, com um vaso sanitário na extremidade. Nós não teríamos cozinha, usaríamos a dela, embaixo, e Mutti concordou em fazer jantar também para ela.

— Vocês não podem usar o banheiro nem a cozinha quando eu estiver fora — ela alertou. — Se os vizinhos ouvirem qualquer barulho vão suspeitar. Tomem muito cuidado para manter sua presença aqui em segredo.

— Estamos seguras aqui? — Mutti perguntou.

— Os alemães fazem buscas frequentes para encontrar judeus escondidos — a Sra. Klompe disse. — Eles são como caçadores de rato determinados a exterminar parasitas — continuou, seca —, mas nós, do movimento clandestino, estamos igualmente determinados a proteger os inocentes.

Ela sorriu para mim para me tranquilizar, mas eu comecei a sentir a nauseante contração do medo no estômago.

Nessa mesma noite, nosso contato na clandestinidade, um certo Sr. Broeksma, nos visitou. Ele era um professor colega da Sra. Klompe, os dois trabalhavam muito próximos. Sendo um frísio — uma dessas vigorosas pessoas amantes do ar livre, que participava de corridas de patins no auge do inverno por quilômetros de canais congelados —, ele era um verdadeiro holandês com um forte antagonismo contra os invasores. Era inteligente, forte, confiável e, como outros do movimento clandestino, extremamente sagaz. Estávamos em suas mãos e ele sabia do nosso perigo, mas confiávamos nele sem restrições.

Ele examinou detalhadamente nosso esconderijo e então deu o conselho de que ainda precisaríamos de outro lugar secreto dentro do local, onde pudéssemos nos esconder se houvesse buscas no quarteirão.

Naturalmente, ele teve de organizar tudo. Encontrou um pedreiro e o trouxe na noite seguinte. Os dois foram até o nosso minúsculo espaço para determinar a melhor maneira de sermos escondidas. Eles enfim decidiram que o mais seguro seria separar o vaso sanitário do resto do banheiro.

Os dois concordaram em fazer uma parede ladrilhada que teria uma espécie de alçapão, de modo a poder ser fechado pelo lado da privada. Do lado de fora, simplesmente pareceria uma sólida parede ladrilhada. Isso significava que teríamos de passar por um buraco no alto toda vez que precisássemos usar o vaso, mas poderíamos nos esconder ali em casos de emergência.

Todo o material teve de ser encontrado e então levado para a casa à noite, pecinha por pecinha, mas os dois homens conseguiram começar o trabalho em duas semanas.

No terceiro domingo de esconderijo, eles trabalharam o dia inteiro até quase ficar pronto. Só faltava ladrilhar o alçapão. Ambos estavam cansados, mas decidiram ficar até tarde para completar o trabalho. Quando pediram a Mutti para testar, ela escalou para dentro, sentou na privada e pôs o pesado alçapão ladrilhado no lugar, desaparecendo atrás de uma aparentemente sólida parede.

Os dois se entreolharam satisfeitos e apertaram-se as mãos. Quando Mutti reapareceu, os dois apertaram as nossas mãos e partiram, contentes.

Eu estava dormindo profundamente à meia-noite, e assim o barulho dos caminhões na rua embaixo e das pesadas batidas na porta da frente penetraram muito lentamente no meu sonho até eu retornar à realidade. Havia alemães gritando lá embaixo "tem judeus nojentos se escondendo aqui?"

— Mutti? — Aterrorizada, senti Mutti me agarrando.

— Rápido, Eva, cubra a cama com a colcha — ela sussurrou, tirando-me da cama e me ajudando a alisar o pano o mais rápido possível, para que não parecesse que a cama tinha sido usada.

Corremos para o banheiro e nos apertamos no pequeno compartimento da privada. Colocamos o pesado alçapão no lugar e esperamos na escuridão. Eu podia sentir Mutti sentada no vaso com as mãos nos joelhos, enquanto me agachava ao seu lado.

Ouvimos o som das botas dos soldados batendo nas escadas estreitas ao lado do nosso compartimento de madeira. Eu me encolhi, aterrorizada, o coração batendo tão alto que tinha certeza de que eles podiam ouvi-lo.

De repente, a porta do banheiro se abriu, e os alemães entraram no recinto, gritando entre si. Houve uma pausa, e então escutamos passos pesados por toda a casa. Finalmente, eles desistiram, e nós os ouvimos batendo a porta da frente.

Mutti puxou a minha cabeça contra o rosto. Senti que ela chorava de alívio. Se tivessem vasculhado a casa duas horas antes, teriam nos encontrado. Deus no céu e nossos frísios haviam velado por nós.

3

No esconderijo

A partir do momento em que Mutti e eu fomos para a clandestinidade, entrei num mundo que parecia protegido. Os dias eram passados inteiramente na companhia da minha mãe e os lembro repletos de calor e amor. Pelos dois anos seguintes, escondidas no sótão, ela me ensinou alemão, francês, geografia e história com os livros trazidos pela Sra. Klompe. Uma ou duas vezes por semana, o Sr. Broeksma vinha dar aulas de holandês e matemática. Eu queria aprender e ocupei bem o meu tempo, mas, diferente de Heinz, não era extremamente brilhante e tinha dificuldades. Eu lutava sozinha, sentindo enorme falta da companhia de outros alunos. Às vezes, deitava-me na cama com saudade dos velhos tempos na praça, quando corríamos como loucos com nossas bicicletas. No ínfimo cubículo no sótão, eu jogava as pernas para o alto e girava o corpo numa agonia de energia e frustração reprimidas por ser jovem e aprisionada.

Mas vez ou outra, muito de vez em quando, havia dias de radiante reencontro com Pappy e Heinz. O esconderijo deles ficava no campo, em Soesdijk, e era perigosíssimo visitá-los, porque tínhamos de viajar de trem. Curiosamente, nós jamais ousávamos sair para ir às lojas locais, por temor de sermos reconhecidas por moradores da região, mas nos aventurávamos mais longe, fingindo que estávamos terminando a visita à Sra. Klompe.

A senhoria de Pappy, a Sra. De Bruin, permitia que ficássemos durante o fim de semana, e nós voltávamos a Amsterdã na manhã de segunda-feira misturadas com os viajantes. Nas raras e gloriosas sextas de visita, saíamos da casa carregando nossas maletas e andávamos até a estação de trem. Era uma sensação estranha estar na rua de novo. Mas, como tínhamos pele clara e parecíamos com quaisquer mãe e filha holandesas, com sorte podíamos caminhar anonimamente na multidão. Mesmo assim, era arriscadíssimo: sentíamos medo o tempo inteiro, sobretudo porque éramos ocasionalmente paradas pela polícia ou por soldados na barreira da estação, quando Mutti tinha de mostrar o falso cartão de identidade. Como eu ainda não completara 16 anos, não era obrigada a apresentar documento, mas precisava ter a minha história na ponta da língua caso fosse necessário responder a perguntas. Nunca foi preciso; eu devia parecer muito autêntica para despertar suspeitas.

Invariavelmente, os trens estavam cheios de soldados, e as SS costumavam fazer buscas durante a viagem. Tentávamos parecer despreocupadas, embora estando ombro a ombro com nossos terríveis inimigos. Essa jornada era sempre traumática, mas valia a pena para podermos estar com Pappy e Heinz.

Assim que nos reuníamos nos aposentos no sótão da Sra. De Bruin, meus pais se trancavam para ficar sozinhos, e Heinz e eu começávamos a conversar. À noite, Mutti dividia o quarto com Pappy, e eu ficava num colchão no chão do quarto de Heinz. Na escuridão, rastejava até a cama dele e subia, para ganhar carinho. Nós começávamos a nos beijar e abraçar com a alegria de estarmos juntos outra vez, até toda nossa energia reprimida e sexualidade em flor começar a nos excitar. Os beijos e as carícias ficavam furtivamente mais e mais agradáveis. Nós passávamos a trocar afagos, sentindo extáticas ondas de amor adolescente. Não fizemos nada realmente errado, e tínhamos muito medo de sermos descobertos por nossos pais, mas não conseguíamos evitar. Tínhamos apenas um ao outro para amar. Quando estava sozinha na minha cama no sótão, chorava por Heinz, sentindo sua falta mais do que qualquer coisa.

Ficar escondido era um peso imenso sobre Pappy. Sempre um homem de negócios ativo e entusiasmado, com boa parte do tempo ocupada pelo trabalho, ele também foi obrigado a encontrar outras maneiras de canalizar as energias. Primeiro, começou a fazer pinturas a óleo — paisagens e quadros de lugares que conhecia. A cada visita, Mutti tinha de posar para um retrato. Aí, de maneira mais surpreendente, ele começou a escrever poesias que revelaram uma natureza criativa e sensível que não havíamos apreciado antes. Pappy sorria um tanto envergonhado e lia suas composições. Afinal de contas, nós éramos sua única plateia, mas Mutti ficou surpresa com esse outro lado da sua personalidade. Explicava a origem de muitos dos dons de Heinz.

Heinz tinha muitos talentos. Ele era um artista com grande dom para a cor. Uma das suas pinturas trazia uma criancinha brincando no chão com um trem; outra mostrava um sótão vazio com raios de luz batendo numa caixa de brinquedos no canto. Mas a mais poderosa era uma dele mesmo em desespero. Heinz está sentado diante de uma mesa em primeiro plano com a cabeça nos braços, enquanto no fundo há uma pessoa agonizando.

Ele também era um músico bastante dotado, capaz de compor música solene. Suas poesias eram cheias de significado. Além disso, era um intelectual formidável. Durante o período de esconderijo, Heinz estudava italiano sozinho e, numa das nossas visitas, pediu para levarmos romances em italiano para que pudesse ler. Tinha sede de conhecimento e estava determinado a não desperdiçar nenhum momento do "cativeiro" no ócio.

23 de outubro de 1942 — El Alamein, Rommel é derrotado no norte da África

Toda noite, às nove horas, Pappy ligava no noticiário da BBC falado em holandês. Lembro-me da excitação de ouvir o tema da vitória, da "Quinta" de Beethoven, antes das transmissões. Ouvimos a notícia da derrota de Rommel em uma das primeiras visitas a Pappy e trocamos abraços em êxtase. A guerra logo acabaria.

Nossos pais nos ensinaram bridge, e costumávamos passar a noite jogando juntos. Eu me confundia com as vozes, mas fiquei muito boa nos blefes. Pappy sempre fazia com que me sentisse muito orgulhosa quando jogava com ele, mas Heinz e eu éramos a melhor dupla de todas, especialmente quando ganhávamos de Mutti e Pappy! Nós jogávamos calados, falando aos sussurros, porque estávamos sempre conscientes de que podíamos ser ouvidos. Tudo tinha de ser feito em segredo e no maior silêncio possível. A essa altura, Heinz até mesmo tinha sido obrigado a disfarçar a aparência judia tingindo com água oxigenada os cabelos, que agora tinham uma cor loiro-avermelhada.

Pappy enfrentava uma situação ainda mais difícil porque os vizinhos da Sra. De Bruin eram holandeses nazistas. Ela alertou Pappy a respeito, garantindo-lhe que mantinha relações amistosas somente para evitar suspeitas. Contudo, isso complicou a situação porque certo dia os nazistas perguntaram-lhe se podiam dormir em sua casa enquanto reformavam o quarto. Como ela poderia negar?

A Sra. De Bruin subiu as escadas aterrorizada e insistiu para que os dois não saíssem da cama durante toda a visita. Ela deu-lhes um grande suprimento de pão e leite, colocou um penico ao lado e os proibiu de fazer qualquer som. No fim, a visita durou apenas dois dias, mas o incidente começou a inquietar Pappy, ressaltando a dura realidade de depender totalmente da boa vontade e coragem da Sra. De Bruin.

2 de fevereiro de 1943 — Stalingrado: rendição do 6º Exército alemão

Até então, parecia que os alemães vinham tendo êxito na Rússia, mas a virada chegou quando os russos e seu inverno derrotaram os alemães. Ouvimos com Pappy a gloriosa notícia na BBC de que 91 mil alemães haviam sido capturados. Pappy sentiu que o desfecho finalmente estava à vista.

No entanto, as derrotas na África e na Rússia somente serviram para tornar os alemães mais dedicados na caça aos judeus. Recompensas eram oferecidas para quem delatasse judeus à Gestapo, e Pappy se deu conta de que o esconderijo estava ficando menos seguro e que ele e Heinz corriam grande perigo. Os temores cresceram quando a Sra. De Bruin tornou-se hostil, gradualmente dando-lhes menos comida e fazendo comentários rudes. Ela exigia mais e mais dinheiro para escondê-los, e o dinheiro começava a acabar. Essa situação desagradável se arrastou por quase 18 meses, deixando Pappy deprimidíssimo. Ele vivia implorando a Mutti para encontrar-lhes outro esconderijo.

Mutti e eu também estávamos numa situação difícil. Quando retornamos a Amsterdã após um dos fins de semana longe de casa, fomos recebidos por uma apavorada Sra. Klompe. A Gestapo havia vasculhado a casa mais uma vez e feito ameaças.

— Abrigar vocês duas está causando muita tensão — ela disse. Parecia cheia de remorso, mas estava bastante firme na opinião de que devíamos partir.

Claro que nós compreendíamos, mas tínhamos de esperar pela ajuda do movimento clandestino para sermos transferidas, e a espera tornou a relação entre nós bastante tensa.

Por fim, fomos levadas para a casa de pessoas que já conhecíamos.

Ele era o Sr. Reitsma, outro bravo frísio, casado com uma artista judia bastante talentosa. Os dois eram idosos, e seu filho, Floris, vivia com eles. Eram muito gentis e nos fizeram sentir bem-vindas no curto período em que ficamos hospedadas em seu lar. A Sra. Reitsma estava atarefada com o seu trabalho artístico e ficou feliz por Mutti assumir a cozinha.

Nessa época, os alimentos eram extremamente escassos na Holanda e, assim, Mutti decidiu arriscar uma visita ao nosso depósito secreto para pegar parte da comida escondida. Como era desnecessário que nós duas nos expuséssemos ao risco de captura, ela foi sozinha e eu fiquei esperando, nervosa por sua volta. Por fim, Mutti trouxe latas e pacotes de farinha, arroz, açúcar, chocolate e chocolate em pó, e pensamos no banquete que iríamos ter. Porém, apesar de os alimentos estarem em boa condição, tudo tinha o estranho gosto de naftalina. De qualquer forma, a comida foi bastante apreciada e conseguimos levar um pouco para Pappy e Heinz na visita seguinte.

Pappy estava ainda mais deprimido e de novo implorou para Mutti tentar encontrar outro esconderijo. Mutti entendeu que a situação se tornara insuportável quando, ao chegar, a Sra. De Bruin a encurralou num canto e disse:

— O seu casaco de pele é elegante. É um desperdício que esteja com você, já que só sai uma ou duas vezes por mês. Eu tenho de fazer todas as compras para o seu marido e o seu filho, então sugiro que o dê para mim.

Foi mais uma exigência que um pedido, e Mutti achou que deveria entregar. Estávamos sendo chantageados. Sabíamos que não seria fácil transferir Pappy e Heinz, mas quando voltamos a Amsterdã relatamos a situação ao Sr. Broeksma. Ele não pareceu tão surpreso.

— Não há muito o que eu possa fazer — disse. — A situação deles não é única. Muitos outros estão sendo chantageados. E muitos mais estão sendo entregues à Gestapo por dinheiro.

Mutti empalideceu ao ouvir isso, mas estava determinada a tentar aliviar o sofrimento de Pappy. Assim, tomou a iniciativa de procurar uma amiga cristã, Doortje, em busca de conselho. No apartamento do andar de baixo havia uma enfermeira que sabiam pertencer ao movimento clandestino. Doortje prometeu falar com ela, e logo veio com boas notícias para nós. Haviam encontrado um esconderijo em Amsterdã. Ficaríamos mais próximos e achamos que também seria mais seguro.

Não havia dúvidas de que a Sra. De Bruin não iria desistir facilmente da sua fonte de renda, e assim Pappy e Heinz planejaram escapar durante a noite. Eles saíram da casa sem serem notados e pegaram um dos primeiros trens para a cidade, onde foram recebidos pela enfermeira. Ela os levou sem demora para o novo abrigo, mais perto de nós.

Tudo parecia estar indo dentro dos planos. Quando visitamos Pappy e Heinz no dia seguinte, sentíamo-nos mais contentes. O novo esconderijo ficava numa enorme casa antiga, com quartos imensos, e o casal proprietário foi especialmente afável e gentil. Agora parecia haver menos pressão sobre nós, e Mutti e eu voltamos à noite para nossa base com os Reitsma bem mais tranquilas.

4

Captura

11 de maio de 1944

Era o meu 15º aniversário, que, nesse ano, caiu numa terça-feira. Acordei cedo, confortável no meu quartinho na casa dos Reitsma. Eu podia ouvir os pássaros cantando. O sol entrava pela janela, e fiquei um bom tempo deitada, com as mãos embaixo da cabeça, observando as árvores do lado de fora e sentindo-me bem por estar viva. Saber que Pappy e Heinz estavam seguros em seu novo alojamento nas proximidades aumentava a felicidade. Nós os havíamos visitado no domingo, e eu esperava, por se tratar de um dia especial, poder revê-los novamente.

Às oito e meia da manhã, os Reitsma sentaram-se conosco na sala de jantar para tomarmos um café da manhã de celebração. A Sra. Reitsma havia colocado um vaso de jacintos e tulipas no centro da mesa, e Floris, o filho de 20 anos do casal, solenemente entregou-me um embrulho quando me sentei.

— Mantenha a surpresa — ele disse —, abra após o café.

Como ele era cativante, pensei, ficando ruborizada. Coloquei o presente na mesa com todo o cuidado. O papel de embrulho tinha, num dos lados, delicadas rosas pintadas pela talentosa Sra. Reitsma. Fiquei encantada por isso. Mal podia esperar para abrir, e a expectativa só aumentava a minha excitação.

De repente, a campainha tocou e ficamos todos alarmados. Não esperávamos ninguém. Quem poderia bater àquela hora da manhã? O Sr. Reitsma levantou-se da mesa e desceu para abrir a porta. Para nosso imenso horror, ouvimos a Gestapo invadindo a casa. Floris imediatamente deu um salto, passou pela mesa, saiu pela janela e sumiu no telhado. Em segundos, os oficiais da Gestapo subiram a escada e entraram na sala, encarando-nos. Petrificadas de medo, olhamos para eles e os guardas, que estavam atrás apontando armas.

— *Verfluchte Juden!* São elas! — gritaram.

Estávamos sem reação pelo choque. Sem dar tempo de levar nada conosco, eles nos empurraram bruscamente, escada abaixo, para a rua, de onde marcharíamos para o quartel-general da Gestapo, a algumas ruas de distância.

Enquanto nós quatro marchávamos, Mutti, em seu desespero para me salvar, agarrou o braço do nazista holandês ao seu lado e tentou convencê-lo de que eu não era totalmente judia. Ele a empurrou para o lado, mas ela continuou falando qualquer coisa que pensasse que poderia me libertar.

— Minha filha não é judia — disse. — Eu tive um caso com um não judeu, meu dentista... ela é dele... ela não é realmente judia...

Mas de nada adiantou. Os rostos de nossos captores continuavam imóveis e implacáveis. Tinham conseguido o que vieram buscar e finalmente haviam triunfado.

Quando chegamos à escola secundária de tijolos vermelhos transformada no quartel-general da Gestapo, fomos empurradas para dentro de uma sala de detenção em que já havia algumas outras pessoas presas na operação.

Guardas armados vigiavam a porta, as janelas estavam fechadas e cadeiras de madeira tinham sido colocadas perto das paredes, onde prisioneiros, sentados com ar miserável, olhavam para o chão ou para cima. Nossos corações se apertaram quando nos juntamos a eles. Ninguém olhou para nós ou tentou conversar. Eu me sentia tensa demais para chorar. Sentei num canto ao lado de Mutti, que sussurrou para mim: "Como?" Simplesmente não conseguíamos entender como acontecera. Não esperávamos, pois nos sentíamos razoavelmente seguras. Apesar do ódio nazista aos judeus, confiávamos na eficiência do movimento clandestino holandês. Ficamos sentadas por horas, esperando.

Uma a uma, as pessoas eram chamadas e levadas. Algumas voltavam à sala para continuar a espera, outras não. Ninguém dizia uma palavra. Vez ou outra, uma ou duas mulheres choravam, discretas, mas ninguém as confortava ou perguntava aos que retornavam o que acontecera... não ousávamos.

Às vezes, podíamos escutar gritos vindo da sala ao lado. Ouvimos o barulho de espancamentos, de pessoas soluçando e chorando de dor e de vozes alemãs gritando com raiva. Permanecemos congeladas nas cadeiras e nauseadas pelo terror.

Por fim, chegou a vez de Mutti. Ela apertou o meu braço antes de a levarem. Fiquei atenta para ouvir quaisquer sons da sala ao lado, à espera de escutar seus gritos, mas não ouvi nada. Fiquei sentada sozinha por cerca de meia hora.

Então eles vieram me buscar.

Um policial de uniforme verde (*Grune Polizei*) me levou para uma sala com pouca mobília e uma foto de Hitler pendurada na parede. Mandaram-me ficar de pé em frente a dois oficiais da Gestapo sentados diante de uma grande escrivaninha. Ambos olharam atentamente para mim durante vários segundos, até que um deles falou em alemão polido:

— Conte-nos tudo o que queremos saber e você verá a sua mãe — disse.

— Você poderá ver seu pai e seu irmão também — disse o outro.

Fiquei boquiaberta. Não me dera conta de que Heinz e Pappy também tinham sido capturados.

— Meu pai e meu irmão? — exclamei, e então fiquei irritada comigo mesma por falar. Lágrimas queimavam por trás dos meus olhos, mas, se conseguisse me controlar, não iria deixá-los me ver reagir novamente. Estava determinada a não contar nada.

— É claro, estamos com todos eles — o oficial sorriu com frieza para mim.

De repente, comecei a tremer violentamente. Não conseguia parar, enquanto eles passavam a me interrogar em alemão, disparando perguntas em rápida sucessão. Estava absolutamente aterrorizada por eles.

— Há quanto tempo você está com os Reitsma?

— Estávamos apenas visitando — eu disse.

— Onde vocês estavam se escondendo? — Eles trocaram folhas de papel entre si.

— Não sei — menti. — Chegamos no escuro. Era uma casa em Amsterdã, mas não sei onde.

— Onde conseguiu o seu cartão de racionamento?

— Onde a sua mãe conseguiu dinheiro?

— Quem ajudou vocês a encontrar esconderijos?

Fingi não saber de nada. De algum modo, consegui atravessar o interrogatório sem entregar coisa alguma. Admiti que vivera em Merwedeplein, mas eles sabiam que tínhamos ido para a clandestinidade. Descrevi nossa senhoria como alguém diferente da Sra. Klompe o mais que pude. Disse que era baixa, gorda e velha e que não sabia o seu nome.

Depois de algum tempo, eles desistiram de tentar tirar mais coisas de mim e me mandaram de volta para a sala de espera. Mutti não estava lá, mas ao me sentar me sentia bastante orgulhosa. Pensava que realizara uma bela performance, quando, da sala de interrogatório, vieram vozes que reconheci, primeiro de Pappy e depois de Heinz. Suas vozes se elevaram e logo se transformaram em gritos, seguidos por um terrível silêncio.

Minha reação imediata foi de que imaginava tudo aquilo; que não estava realmente ouvindo. Não conseguia acreditar no que acontecia. Pensei que a Gestapo de algum modo blefava para me assustar e fazer com que eu contasse tudo. Ouvi com atenção, mas não escutei mais nenhum som. Comecei a passar mal de medo.

Após um período de silêncio, eles tornaram a me chamar. Mais uma vez, fiquei de pé na frente da Gestapo. Agora, o oficial mais graduado lançou um olhar feroz para mim e disse:

— Nós vamos torturar o seu irmão até a morte se você não cooperar conosco.

Fiquei horrorizada. Olhei sem reação para eles sem saber o que deveria dizer.

— Vamos mostrar a você o que faremos com ele — o oficial prosseguiu e acenou para alguém atrás de mim.

Eu estava paralisada de terror, quando o primeiro golpe de cassetete atingiu meus ombros. De súbito, percebi que isso realmente estava acontecendo comigo, que não era um pesadelo, que era tudo verdade. O impacto dos golpes corria pelo corpo enquanto eles batiam nas costas e nos ombros. Eram bastante impiedosos. Tentei afastá-los com os braços, mas não consegui. Sabia que queriam que eu gritasse, para que pudessem ameaçar meu pai e fazê-lo falar. Tentei muito, mas por fim comecei a gritar. Eu podia ouvir gritos vindo de dentro de mim que não conseguia controlar.

Assim que acharam que haviam extraído suficiente barulho de mim, eles pararam. Fui empurrada com violência para outra sala, com outros homens e mulheres que haviam recebido tratamento semelhante. Alguns tinham machucados nos rostos, um ou dois tinham sangue nas roupas. Todos estavam perturbados e sombrios.

Durante todo o dia, meu aniversário de 15 anos, fui mantida presa numa sala sem comida ou água, tendo de ouvir através das paredes pessoas sendo interrogadas, intimidadas e espancadas. Durou até a noite.

Enfim, fui levada por um corredor para outra sala. Quando a porta se abriu, vi meus pais de pé olhando para mim. Heinz estava com eles, e também os Reitsma. Não havia mais ninguém ali. Abraçamo-nos, todos chorando e soluçando, e a porta fechava atrás de nós. Ficamos a sós. Pappy contou que a enfermeira e seus aparentemente gentis anfitriões trabalhavam para os dois lados. Quando fizemos nossa visita a Pappy e Heinz no domingo à tarde no novo refúgio, eles devem ter providenciado para que fôssemos seguidas para descobrir nosso esconderijo e, tendo nos traído, decerto receberam uma substancial ajuda financeira.

Quando nos acalmamos um pouco, Pappy disse:

— Mutti fez um acordo com a Gestapo. Ela vai dar-lhes nossa caixa de talco e eles soltarão os Reitsma.

Ele parecia exausto, mas continuava composto, calmo e digno.

— Por que eles não podem deixar todos nós irmos? — perguntei, afundando o rosto no seu peito enquanto ele me confortava.

Pappy olhou para baixo e balançou a cabeça.

— Suponho que seja porque acham que somos o inimigo — afirmou, secamente.

Nesse momento, um dos oficiais da Gestapo que me interrogara entrou na sala para levar Mutti e os Reitsma. Mutti mais tarde contou que foram para casa e que ela levou o oficial da Gestapo até o banheiro e mostrou-lhe a grande caixa de talco que estava na prateleira. Ele abriu o fundo do recipiente, e caiu tanto o talco como todas as joias que Mutti escondera ali — um relógio de platina, anéis de diamante e braceletes e broches de prata e ouro. Não era pouca coisa, e o oficial pareceu satisfeito.

Por fim, a Gestapo trouxe Mutti de volta para a sala onde Pappy, Heinz e eu havíamos ficado esperando abraçados. Eles nos disseram que os Reitsma poderiam ir, mas que nós seríamos transferidos para a prisão holandesa local.

Os alemães não precisavam ter mantido a palavra em relação ao acordo que fizeram com meus pais, mas mantiveram. Os Reitsma foram deixados em paz depois e, com a ajuda do nosso estoque secreto de comida, os três conseguiram sobreviver à guerra. Em alguns aspectos, por mais surpreendente que pareça, os alemães se comportaram de maneira honrada.

5

PRISÃO

Uma caminhonete preta levou-nos para a prisão local. Sentamo-nos na traseira com várias outras famílias, olhando impassíveis de um para o outro: todos em profundo estado de choque. Funcionários holandeses da prisão nos juntaram nos fundos e separaram homens de mulheres. Eu me agarrei a Mutti. Ela tinha os olhos fixos em Pappy, que moveu os lábios em silêncio: "Queixo para cima!", enquanto nos separávamos marchando.

Foi a pior coisa que aconteceu comigo em toda a minha vida. Não conseguia entender por que deveria ser colocada na prisão ou por que, com 15 anos, eu era uma pessoa indesejável simplesmente por ser judia. Era tudo uma perseguição sem sentido e me revoltei de verdade. Queria saber por que tudo aquilo estava acontecendo conosco.

Quando você é pega numa armadilha dessas e se vê impotente para fazer qualquer coisa a respeito, começa a sentir-se bem vazia por dentro. Meu instinto normal seria me envolver com as pessoas ao redor e conversar, mas qualquer uma delas poderia ser o inimigo nos espionando. Eu não confiaria mais em ninguém, exceto Mutti. Assim, teve início o desligamento que era parte do processo desumanizador dos campos de concentração.

Mutti e eu fomos postas num grande dormitório, onde havia fileiras de treliches. Cerca de quarenta outras mulheres já estavam confinadas naquele espaço, com as mais primitivas privadas num canto. Foi a primeira vez que tive de dividir minhas noites com tanta gente. Subi numa cama do alto e deitei em cima de um cobertor cinza, com a cabeça num travesseirinho, olhando para o teto. Meu corpo doía da surra que recebera. Inclinei-me para Mutti, na cama de baixo — não queria passar a noite sozinha. Ela fez um aceno ao ver meu cabelo despenteado e meu rosto machucado olhando para baixo. Passei para o lado dela na cama. Não conseguia dormir.

Durante a noite, novas presas foram trazidas. Havia mulheres com bebês, os quais sentiam o sofrimento ao redor e gritavam de medo enquanto as mães tinham de lidar com as crianças sem instalações e materiais adequados. Uma asmática crônica sofreu vários ataques durante a noite, e sua respiração era tão irregular que muitos gritaram pedindo um médico e enfermeiras. Por fim, os guardas holandeses mandaram um médico.

Mutti ficou deitada em silêncio, e enfim consegui me desligar de todo barulho e agitação e caí no sono com seus braços ao meu redor.

Na manhã seguinte, recebemos alguma comida. Foi o primeiro pedaço de pão, ou líquido, que pus na boca desde o interrompido café da manhã de aniversário. De repente, fiquei esfomeada, e Mutti me deu um pouco do seu pão após eu comer o meu. Quando estávamos sentadas nas camas, comendo, todas começaram a contar suas histórias e como haviam sido pegas... e todas nós tentamos adivinhar qual seria o nosso destino.

Todas estavam bastante desesperadas, mas no treliche ao lado havia uma jovem, de 20 e poucos anos, que parecia irradiar coragem. Quando a manhã chegou, ela deu uma volta pelo recinto, ajudando as mães com os bebês, confortando mulheres que choravam e encorajando todas a manter o ânimo.

Ao meio-dia, novamente trouxeram alimento, e ela sentou-se ao meu lado enquanto comíamos. Ela disse que se chamava Francesca (Franzi) e que nascera em Amsterdã, embora os pais viessem da Rússia. Franzi esperava entrar na universidade no ano em que os nazistas chegaram. Apesar do fato de que sua mãe fora capturada antes — com o irmão mais velho e a mulher dele —, Franzi e sua irmã mais nova, Irene, conseguiram ir para a clandestinidade.

Elas levaram junto a filhinha do irmão, Rusha. Por causa do bebê, tiveram de mudar de esconderijo muitas vezes, com a ajuda dos holandeses clandestinos, e pouco tempo antes Irene e Rusha haviam sido colocadas numa fazenda distante no campo, para viver como filhas de um casal de fazendeiros. Franzi rezava para continuarem a salvo. No fim, o seu destino foi o mesmo que o nosso; ela também fora traída por dinheiro.

— Pelo menos estamos numa prisão holandesa adequada — disse. — Os holandeses são humanos, e estamos relativamente seguras aqui.

No fim do segundo dia, a cadeia estava completamente lotada, e achamos que logo seríamos mandadas para um campo de detenção holandês no campo, em Westerbork.

— Seria melhor estarmos ali? — perguntei, começando a enfrentar a realidade de que éramos prisioneiras do nosso inimigo mortal.

Franzi fez que sim com a cabeça, já ouvira a respeito do campo.

— Certamente seria menos lotado que aqui. — E olhou ao redor para os treliches ocupados por várias mulheres e crianças. — Desde que fiquemos detidas na Holanda, nossas vidas devem estar a salvo. Eles vão deixar as famílias juntas.

Ela tinha total confiança nos holandeses.

Mutti, sentada em silêncio, se ocupava com seus próprios pensamentos, e de repente sugeriu que deveria escrever uma breve nota aos Reitsma, pedindo algumas roupas. Ela foi até o guarda e negociou para conseguir mandar uma carta. À noite, uma maleta foi entregue para nós na prisão com algumas roupas de baixo, vestidos, saias e o casaco de Mutti.

13 de maio de 1944

Na manhã de quinta-feira, fomos todas chamadas pelo nome, formamos filas e marchamos para a estação sob forte guarda da Gestapo.

Embarcamos num trem normal, com assentos e vagões, e, quando entrava, vislumbrei Pappy e Heinz na plataforma.

Um apito soou e o trem se afastou de Amsterdã, pegando velocidade e atravessando o campo primaveril, onde árvores frutíferas estavam cheias de flores. Pude ver vacas e ovelhas pastando, fazendeiros trabalhando no campo, e desejei estar ao ar livre e em liberdade.

Dentro do vagão, discutimos as nossas perspectivas. Todas tínhamos medo de ser mandadas para um campo de concentração no leste. Talvez até mesmo Auschwitz. Nossa única esperança era que a guerra acabasse em pouco tempo e que pudéssemos permanecer em Westerbork até lá.

Quando enfim chegamos, constatei que Franzi estava certa. As acomodações eram bastante razoáveis. Tínhamos beliches limpos, boas instalações sanitárias e, ainda melhor, podíamos nos movimentar livremente para conversar e ver os homens durante o dia. Pappy e Heinz logo nos descobriram e ficaram por perto.

Nós comíamos juntos num grande refeitório e ganhávamos purê de batatas e cenouras com molho em cima, e o gosto era bom. Às mesas, todos tinham histórias para contar.

Os detentos em Westerbork eram na maioria judeus, e havia uns poucos cristãos que tinham dado abrigo a judeus. Também havia um grupo de ciganos, os quais, para os nazistas, eram tão abomináveis quanto os judeus. Como recém-chegados, nosso grupo continha os prisioneiros mais vulneráveis. Embora os holandeses fossem responsáveis pela administração, sob a supervisão de alemães, a maior parte dos serviços internos era feita de maneira eficiente por judeus, alguns dos quais Pappy conhecia pessoalmente.

Mutti e Pappy avaliaram nossa posição.

— Se puder, vou fazer contato com pessoas aqui que conheci antes da guerra. Algumas delas estão em posições influentes. Se conseguirem nos arrumar trabalhos convenientes, poderíamos tentar manobrar para ficarmos em posições protegidas. Assim, talvez evitemos ser despachados. — Pappy acreditava que essa era nossa única chance. Ele se esforçou ao máximo. Alguns amigos o reconheceram e prometeram fazer tudo ao alcance para nos ajudar. Sabíamos que a coisa mais importante era permanecermos na Holanda pelo maior tempo possível.

Um dos amigos de Pappy, George Hirsch, trabalhava no escritório central, e prometeu tentar nos colocar numa escala de trabalho. Era um homem sincero e bondoso. Ele dividiu suas camisas com Pappy e Heinz, porque os dois só tinham a roupa do corpo.

Para nossa consternação, começamos a ouvir rumores de que um grande transporte de ciganos seria encaminhado para Auschwitz no domingo seguinte e, como havia uns poucos vagões de gado ainda vazios, judeus seriam embarcados para completar a carga. Como estávamos entre os recém-chegados, o Sr. Hirsch não tivera oportunidade de garantir trabalho para nós. Achamos que estávamos destinados a ser incluídos entre os desafortunados.

Então percebemos que esse era o passo no abismo. Auschwitz ficava na Polônia, no coração do território inimigo. Ouvimos na BBC que era conhecido como um campo de extermínio.

Tentamos não deixar que o desânimo tomasse conta. Certamente, enquanto estivéssemos em boa forma e capazes de trabalhar, eles não nos matariam.

Agora, havia pouca coisa que Pappy pudesse fazer, exceto nos dar orientações de sobrevivência. Ele enfatizou que bondade e camaradagem eram importantes, que teríamos de ajudar uns aos outros para sobreviver. Falou sobre a necessidade de limpeza e higiene. Constantemente me lembrava de não sentar na privada e de lavar as mãos depois. Mal sabia que nenhum de nós teria poder algum sobre requintes desse tipo.

PARTE II

Auschwitz-Birkenau

6

Deportação

Maio de 1944

Logo ao amanhecer no domingo, enquanto ainda estávamos no dormitório, uma guarda da prisão apareceu e leu em voz alta uma lista com nomes para deportação imediata.

— ... Fritzi Geiringer, Eva Geiringer...

Nossos corações quase pararam quando fomos chamadas. Franzi também estava incluída.

Nervosas e abaladas, fizemos preparativos para a partida. As que permaneceriam ficaram aliviadíssimas por poderem prolongar a estada na Holanda, mas fizeram o máximo possível para nos equipar com comida extra, roupas, cobertores, malas e até mesmo sapatos — qualquer coisa que pudesse ajudar a sobrevivência na viagem e depois. Exatamente quatro dias após termos visitado Pappy e Heinz no esconderijo "seguro", estávamos sendo deportadas. Suspeitamos que estávamos a caminho de Auschwitz, mas na realidade não tínhamos nenhuma ideia.

Centenas de nós marcharam para a linha de trem. Ao seguirmos para os vagões de gado, carregando nossas malas e espremidas umas contra as outras, Pappy e Heinz subitamente apareceram perto de mim. Quando procurei ao redor por Franzi, ela havia desaparecido na multidão.

Ao nos aproximarmos do trem, pudemos ver que a parte dianteira já estava ocupada por ciganos — homens de aparência desalinhada e mulheres carregando bebês e crianças, com as mais velhas se agarrando às saias. Pappy, Mutti, Heinz e eu também nos agarramos, para não nos separarmos. Nós nos puxamos e nos empurramos para dentro dos vagões com pouca dignidade e embarcamos as malas e os cobertores. O vagão estava tão apertado que não dava para sentar, e nos amontoamos num canto. Pappy me abraçava com firmeza, e Mutti segurava Heinz. O único conforto era que continuávamos juntos.

Olhando para cima, vi duas pequenas janelas com barras perto do teto do vagão. Também notei dois baldes de ferro no canto oposto. Era a única provisão adotada para as nossas necessidades.

Muitas pessoas do campo de Westerbork vieram se despedir e transmitir coragem. Esperamos cerca de uma hora até que, a um grito de comando, as portas foram fechadas e trancadas por fora.

Agora havia tão pouca luz no vagão que mal podíamos ver as faces uns dos outros. Era como uma descida ao inferno. Os vagões tremeram e o trem de carga começou a se mover. À medida que a viagem prosseguia, as pessoas se revezavam para ficar de pé, para que algumas pudessem ter um pouco mais de espaço para se esticar no assoalho. Todos se esforçavam ao máximo para ajudar, mas não havia muito o que fazer.

Durante o dia, as portas foram abertas uma vez, os baldes foram trocados e jogaram alguns pães para dentro — era como alimentar animais numa jaula. Várias pessoas ficaram violentamente nauseadas, e isso agravou o fedor e o estresse dentro do vagão. Entre nós havia uma grávida, que ficou tomada pelo pânico; se entrasse em trabalho de parto durante a viagem, quem a ajudaria com o bebê?

Cada vez que as portas se abriam, tentávamos falar com os guardas, implorando por compaixão e ajuda, mas os pedidos eram ignorados pelos impassíveis homens das SS. Cachorros ferozes latiam para nós e fuzis eram apontados para dentro dos vagões. O impulso de tentar fugir era muito forte, mas sabíamos que praticamente não existiam chances. Éramos civis desarmados e indefesos, e sem dúvida levaríamos um tiro nas costas se tentássemos escapar.

Quando dizíamos qualquer coisa aos nossos captores, as únicas palavras cuspidas de volta, em alemão, eram: "*Halt das Maul, Sau Juden*" (calem a boca, judeus imundos).

Em uma parada, quando as portas foram abertas, vimos metralhadoras postadas diante dos vagões. Guardas gritaram para que entregássemos todos os valores que ainda tivéssemos, incluindo alianças de casamento e relógios. Eles ameaçaram matar quem não obedecesse. Depois dessa parada, perdemos a noção do tempo.

Enquanto o trem se movia, dias e noites se fundiam. Houve dois, talvez três dias de viagem intermitente. Às vezes, podíamos sentir que o trem parava em trilhos laterais, onde ficava por horas. Sem movimento, os vagões se tornavam insuportavelmente quentes e abafados. O fedor dos baldes nos subjugava, fazendo com que muitos passassem extremamente mal.

Após cerca de três dias nessa situação, o trem parou, ouvimos gritos do lado de fora e as grades foram destravadas. Comandos agressivos foram lançados em alemão. Muitos não conseguiam entender, mas eu nascera na Áustria e tinha 9 anos quando parti. O alemão era a minha língua materna.

Quando nossas portas se abriram, pudemos ver caminhões esperando ao lado do trem. Os SS gritavam:

— Se houver pessoas doentes ou cansadas demais para uma longa caminhada, elas podem subir agora no caminhão para o campo.

Com grande alívio, muitos desceram do trem e andaram para um caminhão, gritando para os parentes "a gente se vê lá!".

O resto de nós ficou observando os caminhões partirem. Muito mais tarde, no campo, soubemos que essas pessoas foram levadas direto para as câmaras de gás.

Guardas alemães com cachorros e armas deram ordens para sairmos. Havia poucos guardas, em comparação com os muitos judeus e ciganos, mas estávamos tão dominados que jamais sonhamos em fazer qualquer coisa que não fosse obedecer às ordens. Não sei por quê. Talvez nós verdadeiramente pensássemos que as condições iriam melhorar. Parecia que nada podia ser pior.

Quando eu estava prestes a descer do trem, Mutti me deu um casaco longo e um chapéu de feltro de adulto.

— Ponha isso — ela instruiu.

— Não preciso — protestei. Era um dia muito quente e já seria um grande alívio estar do lado de fora, ao ar livre.

— Ponha — ela insistiu. — Pode ser tudo o que você terá permissão de levar. Eles podem tirar nossas malas.

Nesse instante, vieram mais ordens em alemão:

— Saiam, ponham seus pertences ao lado do trem e façam filas de cinco.

Relutante, vesti o casaco. Estava certa de que parecia ridícula de chapéu. Era de feltro marrom e para gente adulta. Jamais vestiria um chapéu tão horrível por escolha própria.

— Você parece uma jovem elegante agora — Pappy disse, tentando me encorajar.

Heinz sorriu palidamente para mim. Ele parecia petrificado, com o rosto branco de medo ao descer do vagão, mas se virou para me ajudar. Ao saltar para os seus braços, enlacei seu pescoço. De repente, estávamos nos apertando e abraçando como se jamais fôssemos nos ver de novo.

Demorou cerca de uma hora até que todos descessem e se organizassem. As mulheres receberam ordens para andar até a frente da plataforma, enquanto os homens foram separados e marcharam para os fundos.

Pappy agarrou minhas mãos, olhou profundamente dentro dos meus olhos e disse:

— Deus vai te proteger, Evertje!

Mutti abraçou Heinz, correndo os dedos pelos seus cabelos e beijando seu rosto. Então, meus pais se abraçaram uma última vez antes de serem forçados a se afastar.

Nós avançamos em linhas de cinco por cerca de dez minutos, até chegarmos a um grupo de homens das SS. Eles dividiam a fila em duas, esquerda e direita. Todas as idosas e as crianças até cerca de 15 anos tinham de ir para a direita, enquanto o resto das mulheres era direcionado para a esquerda.

Às vezes, uma mãe tinha de dar a criança para uma idosa que era mandada para a direita. Quando chegamos perto dos selecionadores, a jovem na minha frente começou a chorar e, então, a gritar descontroladamente ao ser obrigada a pôr o filho de 8 ou 9 meses nos braços de uma estranha, uma mulher de idade, cujos olhos estavam cheios de lágrimas.

— Eu cuidarei dele — ela disse. Seus braços eram quase frágeis demais para segurar o menino, que se virava para se agarrar à mãe.

— Quero ir com ele! — a mãe gritava, mas foi puxada com força para trás.

O bebê começou a chorar pungentemente.

— Eu não vou reconhecê-lo de novo — ela implorou, tentando se acalmar e protestar de maneira razoável. — Ele está crescendo muito rápido.

Os guardas continuaram impassíveis.

— Por favor... por favor, não tirem o meu filho! — Ela começou a gritar de novo e tentou pegar o bebê de volta, enquanto o guarda empurrava a idosa para a frente e se colocava no meio.

Fiquei assistindo impotente, mas então Mutti deu um passo à frente e colocou os braços ao redor dos ombros da mulher que soluçava.

— Mesmo que você não reconheça o seu bebê — ela disse —, a senhora irá se lembrar de você e saberá a quem entregá-lo de volta.

Isso pareceu tranquilizá-la. Sua resistência desapareceu, ela se calou e caminhou na fila. Pouco importando o quanto as pessoas protestassem, chorassem ou tentassem ir para o outro lado com suas famílias, não adiantava. O processo era implacável. Desse modo, as famílias eram sistematicamente rompidas. Nessa altura, contudo, ainda não percebíamos o que "seleção" de fato significava.

Então, foi a minha vez. O oficial das SS olhou-me de cima a baixo e indicou a esquerda. Mutti logo veio e ficou ao meu lado na fila, segurando o meu braço. Eu tinha apenas 15 anos. Bem mais tarde, notei que era, de longe, a pessoa mais jovem na nossa fila de transporte. Muitas mães haviam perdido filhas da minha idade. Por mais ridículos que tenham ficado em mim, aquele chapéu e o casaco longo salvaram a minha vida. As orações de Pappy mais uma vez foram atendidas.

7

Birkenau

Os trilhos da ferrovia acabavam em Birkenau, perto do campo de concentração das mulheres. O principal campo de homens de Auschwitz ficava a 4 ou 5 quilômetros. Era um lindo e quente dia de maio, quando as flores primaveris estão no auge, mas, ao olhar ao redor, não vi nada crescendo em nenhum lugar à vista, nem mesmo uma árvore ou arbusto. Toda a área era um deserto de terra árida e poeira.

Mutti e eu andamos na fila com as demais prisioneiras. Muitas holandesas de Westerbork estavam lá, e avistei Franzi um pouco adiante. Inicialmente, ficamos contentes por andar, movimentando as pernas sem o peso de bagagem pesada, mas em pouco tempo fazíamos parte de uma exaurida linha de mulheres sedentas e errantes.

Após uma marcha de mais ou menos vinte minutos, e num estado de quase exaustão, chegamos ao portão do enorme complexo.

Fileiras e fileiras de feios barracões de madeira estendiam-se na distância, cercados por arames farpados eletrificados numa altura superior à de um homem. Sentinelas em torres de vigia altas examinavam as cercanias do campo. Éramos agora prisioneiras indefesas nas mãos dos alemães. Mesmo no calor, eu tremia.

Dentro do complexo, fomos encaminhadas para um barracão, onde ficamos aguardando a "recepção". E ali esperamos. Estávamos sem comer ou beber havia mais de 24 horas. Quando algumas mulheres desmaiaram e caíram no chão, ninguém deu a mínima. Achei que era cruel, mas aí passei a invejá-las. A inconsciência teria sido um grande alívio.

Centenas de nós ocupavam o barracão sufocante vigiado por apenas uns poucos soldados alemães com fuzis apontados em nossa direção. Após uma espera que pareceu interminável, o "comitê de recepção" finalmente apareceu: oito mulheres vestidas com uniformes de prisioneiras com listras azuis e cinza. Seus rostos cinzentos exibiam expressões de desdém ao passar por nós.

Essas mulheres eram kappos — os kappos eram prisioneiros de guerra poloneses usados pelas SS para administrar os campos de concentração. Elas passavam por nossas fileiras, empurrando e dando socos.

— Bem-vindas a Birkenau — falaram com desprezo. — Vocês são as sortudas, pois acabaram de chegar, e nós estamos aqui há anos. Estamos no comando aqui, e vocês obedecerão a nossas ordens. A sorte de vocês acabou!

Uma kappo robusta parou na nossa frente.

— Vocês conseguem sentir o cheiro do crematório do campo? — gritou, cruel. — É lá que os seus queridos parentes morreram asfixiados no que pensaram ser chuveiros. Eles estão queimando agora. Vocês jamais os verão de novo!

Tentamos não dar ouvidos. Ela apenas procurava nos assustar. Não acreditamos nela; simplesmente era terrível demais para se cogitar.

— Suas judias nojentas! — gritou a kappo chefe. — Vocês vão se despiolhar... e depois serão tatuadas, vão cortar o cabelo e receberão roupas.

Mutti deu um passo à frente da fila.

— Estamos todas com sede, precisamos de água — suplicou.

Mutti deveria saber que elas não teriam tempo para um pedido tão simples. Seus rostos, endurecidos pelo sofrimento, exibiam pouca preocupação por nós — éramos novas prisioneiras que até então tinham passado por relativamente poucas adversidades na guerra. As kappos mandaram Mutti voltar para a fila, mas ela começou a se desequilibrar e quase desmaiou. Não caiu, todavia, porque estávamos todas apertadas e juntas. Uma das kappos, que parecia um pouco mais gentil, se aproximou e deu tapinhas no rosto de Mutti para reacordá-la.

— Não desmaie, é perigoso. Você vai ganhar água, mas não agora. — Virando-se para as demais, ela advertiu: — Não bebam água das torneiras. Tem tifo e disenteria.

Fiquei ali, com o casaco pesado e o chapéu, com a sensação de que estava morrendo de sede. Meus pés também doíam. Olhei para os sapatos empoeirados. Dentro, embaixo do peito dos pés, havia suportes de aço que Mutti insistira para eu usar devido aos meus pés chatos. Quis poder tirá-los e sentar-me.

Finalmente, fomos conduzidas a uma grande construção em cuja antessala tivemos de deixar todos os últimos pertences que acaso ainda possuíssemos, incluindo tudo o que vestíamos. Eu não queria tirar as roupas e ficar nua, mas sabia que não tinha escolha. Mutti estava se despindo e, então, vi Franzi fazendo o mesmo. Sendo assim, como eu poderia protestar? Quando eu tirava meus sapatos, Mutti lembrou-me de ficar com os suportes de metal, para evitar que se perdessem. Assim, caminhei com as demais, todas nós inteiramente nuas, para um recinto maior, levando junto os suportes.

O banheiro era um grande espaço de concreto sem janelas ou cubículos. Ao longo do teto, pude ver canos com bocais. Havia canaletas de drenagem e ralos no chão.

Enquanto nos apertávamos e esperávamos, as portas se fecharam atrás de nós. Pensei no que as kappos tinham contado. Esses chuveiros eram de água ou gás? Comecei a tremer de medo, e Mutti agarrou minha mão com força. De repente, jorrou água gelada em nossas cabeças.

Não havia buchas ou sabão, mas a água fria me reanimou e comecei a limpar os últimos três dias de viagens exaustivas. Fiz uma concha com as mãos e levei um pouco de água aos lábios secos. Mutti me deu um tapinha no traseiro e sorriu; seus cabelos claros, agora escurecidos pela água, grudavam na cabeça, envolvendo as orelhas e a nuca. Pensei em como parecia tão jovem. Eu a amava muito.

Por fim, a água parou, as portas no outro lado do recinto se abriram e pudemos sair. Procurei ao redor por uma toalha, mas não havia nenhuma, tampouco alguma roupa. Nossos corpos molhados tiveram de secar no calor da tarde.

Recebemos ordem para andar em fila única na direção de duas prisioneiras que estavam cortando os cabelos de todas. Todos os fios eram removidos. Meus pelos púbicos eram macios e novos — eu os observara surgir nos últimos dois anos enquanto me transformava numa mulher, e agora seria obrigada a cortá-los.

— Abra as pernas — a kappo ordenou.

Fiquei bastante constrangida, com ela passando a navalha na minha pele macia. Não conseguia entender o motivo para essa humilhação. Depois, ela depilou as minhas axilas, mas quando começou a cortar os cabelos com uma grande tesoura sem corte Mutti tentou interceder por mim.

Ela passou a mão pelos meus cabelos e disse para a kappo:

— Ela é muito jovem, deixe um pouco de cabelo na cabeça!

Ali estava Mutti começando a assumir o controle! Inacreditavelmente, a mulher anuiu e me deixou com dois centímetros de remoinho dourado emoldurando a testa.

Mutti sorriu para mim.

— Ficou muito bonitinho — disse, encorajadora. — Onde estão os suportes de aço? — quis saber, enquanto cortavam os seus cabelos.

— Devo ter deixado nos chuveiros. —Eram a última coisa com que eu me preocupava.

— Oh, Eva, por favor! — Mutti se exasperou, tanto pela sua condição como quanto pela minha; sem os cabelos, ela parecia estranhamente diferente da minha mãe. — Como você vai conseguir arrumar o seu pé chato sem os suportes adequados?

— Vou voltar e pegá-los — respondi, mas quando me virei fui logo impedida de avançar por uma kappo com um cassetete, que bloqueou o caminho e me mandou recuar.

Ela encaminhava a fila de mulheres nuas e tosadas para uma mesa na extremidade da sala, onde todas era interrogadas sobre seus nomes, idades e profissões. Era como dar entrada num hospital. Cada detalhe era anotado num formulário. Essa eficiência nos transmitiu a sensação de estarmos sendo alistadas. Aguardando e ouvindo, notei que todas na frente de repente pareciam ter uma profissão útil. Donas de casa comuns declaravam-se "cozinheiras", "costureiras", "sapateiras" ou "enfermeiras", e, então, na minha vez de dar os detalhes, disse que era secretária.

De tempos em tempos, homens das SS vinham e circulavam para olhar lascivamente para nossos corpos. Eles se divertiam beliscando os traseiros das jovens e atraentes, e me senti verdadeiramente humilhada quando um deles veio até perto e me deu um beliscão.

Estamos sendo tratadas como gado — não como gente, pensei.

Fomos alinhadas para sermos tatuadas no braço com os números marcados nos papéis de admissão. Mutti foi tatuada primeiro e, na minha vez, ela ficou ao lado com um braço nos meus ombros.

— Ela é apenas uma criança — Mutti disse. — Não a machuque.

Mais uma vez, a mulher aquiesceu, e assim a tatuagem no meu braço esquerdo foi feita da maneira mais delicada possível e o número saiu muito mais pálido do que o das demais.

Todo esse processamento durou horas. Estávamos com muita sede e fracas. Eu sentia tanta sede que prometi a mim mesma que beberia a primeira água que visse.

Enfim, fomos levadas para a última "sala de recepção", onde recebemos algumas roupas. Cada uma ganhou um par de calcinhas de tamanho indiscriminado, uma vestimenta distribuída aleatoriamente e dois sapatos. Não um par de sapatos, nem mesmo um pé direito e um pé esquerdo, apenas dois calçados. Nenhum deles formava um par, e passamos algum tempo circulando para tentar trocar e conseguir roupas e sapatos apropriados.

De que adiantou me preocupar com os suportes de metal?, pensei.

Quando íamos ser levadas para fora, ouvi as SS gritando com as guardas kappos. Elas, por sua vez, gritaram para nós, mandando que voltássemos para a fila. Todas nós fomos enfileiradas de novo para recebermos outra tatuagem. Pelo visto, houvera um erro na numeração, a "escrevente" cometera um engano. O meu número, que era A/5232 foi mudado para A/5272. Ela simplesmente fez um risco sobre o "3" e tatuou um "7" em cima, do mesmo jeito que eu corrigiria um erro no caderno de lição de casa. Mesmo em relação à tatuagem, tudo tinha de ser feito exatamente de acordo com as normas.

A provação finalmente acabou. Saímos no entardecer para sermos conduzidas aos alojamentos. Quando começamos a avançar em grupos de cinco, vi uma torneira na parede externa de uma das construções. Não consegui resistir. Rápido, abri a torneira, botei a boca na água e bebi. Foi tão maravilhoso sentir esse líquido refrescante. Várias outras fizeram o mesmo e correram para a torneira antes de ouvirmos gritos e sermos empurradas de volta para a fila.

Foi uma caminhada cansativa para nós, com sapatos incômodos, ao longo de uma estrada seca e poeirenta. Tropeçamos na direção do bloco de quarentena, onde seríamos mantidas separadas do resto do campo pelas próximas três semanas. Parecia ridículo tomar tais precauções.

Birkenau era o maior dos campos de Auschwitz — um vasto complexo de blocos de alojamento divididos e subdivididos por arame farpado e cercas elétricas. Algumas das construções originalmente haviam sido planejadas como estábulos, outras tinham sido feitas por gerações passadas de presos. Todo o campo abrigava dezenas de milhares de prisioneiros, e a área para a qual fomos levadas continha aproximadamente vinte barracões, cada um com cerca de quinhentas a oitocentas mulheres.

Havia duas kappos — chefes de barracão — em cada construção, cuja tarefa era administrar o bloco segundo as regulamentações nazistas. Na maioria, eram cristãs polonesas, embora umas poucas fossem judias. Elas sobreviveriam enquanto fossem duras o bastante para manter o resto de nós sob controle. Tinham privilégios especiais e pequenos quartos com fogões no fim do bloco, onde podiam cozinhar a própria comida e manterem-se aquecidas.

Nós, por outro lado, não contávamos com nenhuma conveniência. Tínhamos de dormir em dez por cama — e "cama" era um grupo de estrados de madeira em três níveis. Na primeira noite, quando recebemos a ordem para deitar, subi no treliche do meio com Mutti e outras oito. Não havíamos recebido comida ou água desde a chegada. Apesar de ainda ser o começo da noite, disseram que tínhamos perdido o jantar e teríamos de esperar até o café da manhã.

Eu estava profundamente exausta. Sem ligar para mais nada, inclusive as companheiras de cama, me encolhi nos braços de Mutti e dormi.

Nas primeiras horas da madrugada seguinte, antes do nascer do sol (por volta das quatro da manhã), as kappos apareceram e gritaram para nos levantarmos e fazermos as camas — até mesmo essa rotina era rigidamente sistematizada; os cobertores tinham de ser arrumados de maneira absolutamente simétrica. Em seguida, precisamos varrer os barracões — o curioso é que havia pouca sujeira ou lixo, porque não tínhamos alimentos nem pertences, e, assim, enquanto os alojamentos mostravam-se mais ou menos limpos, éramos nós que estávamos tomadas por imundície e parasitas. Então, recebemos ordem para sair e para a chamada (*Appel*). Estava quente, e o céu, luminoso, com uma pálida luz amarela que aos poucos se fundia em azul. Ali, de pé em uma das fileiras de cinco, observei a alvorada. O campo inteiro estava do lado de fora à espera da contagem. Todas as prisioneiras eram convocadas para a *Appel*, em filas ao longo do comprimento do campo, com guardas alemães e seus cães caminhando em frente à formação. A contagem durava duas horas. Tínhamos de permanecer paradas sem nos movermos, olhando para a frente por todo o tempo.

Era um teste de resistência que enfrentaríamos duas vezes por dia em nossa vida dentro do campo. Nessa quente manhã de verão, era inconcebível imaginar que seríamos submetidas a esse tipo de tortura durante o terrivelmente frio inverno polonês sem nada mais quente para vestir do que as roupas do corpo. Tampouco eu imaginava que, se apenas um dígito da conta estivesse errado, todo o processo teria de recomeçar. Inevitavelmente, no inverno, com a passagem do tempo mortes arruinavam a contagem e a agonia infligia mais mortes na noite seguinte.

A primeira *Appel* era uma tortura especial, porque ainda não havíamos recebido comida ou água. A essa altura, eu já estava com tanta fome que ficava desesperada para comer, mas não éramos dispensadas antes que o sol esquentasse e, somente então, recebíamos permissão para voltar aos barracões, onde comida e bebida eram distribuídas. Todas recebiam um pedaço de pão preto com cerca de 10 centímetros de largura. Um café artificial frio sem açúcar era distribuído em velhas canecas de lata ou esmalte lascado para uma a cada cinco mulheres. Como não havia utensílios suficientes para distribuir, isso significava que a porção em cada caneca tinha que ser dividida por cinco. Como esse era o sistema habitual, logo aprendemos que ter a própria caneca era necessário a fim de garantir a cota pessoal. Mutti e eu acabamos tendo de sacrificar várias rações de pão para obter uma caneca para cada uma.

Mas nessa manhã eu segurei a caneca até ela ser arrancada de mim por outra mulher desesperadamente sedenta. Acho que não sobrou nada para Mutti. Comi imediatamente todo o meu pão, sem me dar conta de que deveria durar o dia inteiro.

Após esse banquete, éramos levadas às latrinas. Elas ficavam num barracão a cinco blocos de distância do nosso e consistiam em um esgoto aberto correndo pelo centro da construção. Ao longo do espaço, no meio, havia uma passarela de pedra em nível elevado, onde uma kappo supervisora podia caminhar por toda a extensão das latrinas. Cada lado de concreto tinha cerca de trinta aberturas sobre o esgoto. Não havia nada para limpeza ou higiene; nenhum papel higiênico, nenhuma descarga e, certamente, nenhuma privacidade. Quando entrávamos no barracão, o fedor era insuportável.

Uma das regras preciosas que Pappy tentara incutir em mim era a de jamais sentar numa privada desconhecida, de modo que tentei ficar de pé — assim como várias outras: todas nós compartilhávamos uma sensação de intenso nojo. Contudo, quando a kappo passou por trás de mim, ela me bateu tão forte nos ombros com o cassetete que fui obrigada a sentar. Ela caminhava batendo com força em qualquer uma que não sentasse.

— Vocês serão trazidas aqui três vezes por dia num único grupo — ela disse, com desprezo —, e é melhor utilizar adequadamente.

E, depois, éramos conduzidas a um pátio aberto, cercado por arame farpado, fora do perímetro do barracão e deixadas ali para passar o restante do dia.

O sol castigava as nossas cabeças desprotegidas e recém-rapadas; queimava nossas nucas e orelhas e deixava vermelha e inchada a minha pele clara. Não havia sombra, nada onde sentar e nada para fazer.

A rotina seria a mesma pelas próximas três semanas. Éramos deixadas ao relento o dia inteiro, mesmo se chovesse. Quando o céu abria, estávamos encharcadas, e a poeira seca virava um pântano ao redor de nossos tornozelos. Não havia como evitar ficarmos com crostas de lama e sujeira. Todos os refinamentos da vida humana comum, até mesmo um simples abrigo, nos eram negados. Estávamos sendo tratadas como animais — ou pior até, porque nem mesmo ganhávamos comida ou água.

Passávamos os dias conversando em pequenos grupos. A maioria vinha da Holanda e, já que estávamos compartilhando o mesmo destino, tentávamos ser afáveis com as pessoas ao redor. Encontramos Franzi novamente e ela entrou para o nosso grupo. Franzi passara pela mesma provação que nós e, apesar de não ter perdido a sua silenciosa coragem, agora também parecia precisar de um pouco de conforto.

— Eva me lembra Irene, minha irmã caçula — Franzi disse para Mutti, pegando minha mão e a apertando. — Assim, podíamos formar uma espécie de família aqui, não?

— É claro — respondeu Mutti. — Vamos tentar tomar conta umas das outras da melhor maneira possível.

Era apenas uma forma simbólica de se restaurar a confiança em circunstâncias tão terríveis, mas a partir daquele momento nos tornamos grandes amigas.

8

MINNI

Logo cedo no segundo dia, comecei a ter cólicas terríveis no estômago. Estava com uma diarreia muito forte e precisava me aliviar quase que imediatamente. Mal podendo me segurar, fui até a kappo, no fundo do barracão, perguntar se podia ir às latrinas.

— *Verfluchte Mistbiene,*[2] não é sua vez — ela latiu para mim.

— Mas preciso ir! — Eu estava bastante desesperada.

— Você tem de esperar pela sua vez, como todo mundo! — ela disse.

Não conseguia acreditar que ela se recusara a me autorizar, e não sabia o que fazer. Tinha cólicas terríveis que me faziam dobrar de dor e era impossível segurar por dois minutos que fosse. Saí do barracão bem a tempo de me agachar num canto do pátio.

Mas a kappo havia me seguido e veio correndo para cima de mim, levantando-me e me amaldiçoando.

---

[2]Literalmente, maldita abelha de merda.

— Sua judia imunda! — Estapeou-me na cabeça com toda a força, gritando: — É assim que vocês todas vão morrer! Infectadas com disenteria e tifo, porque vocês, animais, não conseguem se controlar!

Ela agarrava meu vestido com firmeza. A mulher me arrastou, batendo com força no meu rosto, primeiro no lado direito e depois no esquerdo, até os tímpanos doerem e eu me sentir ainda mais doente.

— Aqui está um mau exemplo para vocês — ela gritava para as demais. — A ação impensada dela vai transmitir doenças contagiosas a todas. Ela é uma típica espécie de vocês, porcas, e vamos puni-la!

Todas foram chamadas para fora para testemunhar minha humilhação. Fui obrigada a pegar um banquinho de madeira pesado, ajoelhar-me e segurá-lo acima da cabeça. Todas as integrantes do barracão tiveram de formar um círculo ao redor. Quando eu abaixei para me ajoelhar na terra, novamente tive cólicas estomacais terríveis.

O calor ficou insuportável, com o sol batendo na minha cabeça rapada, queimando a nuca e as orelhas. Eu estava morrendo de sede. Os braços doíam enquanto tentava manter o banquinho acima da cabeça. Quando eu cansava e tentava descansar um pouco, pousando o banco na cabeça para diminuir a tensão nos braços, a kappo vinha e me chutava. A agonia me dominava.

Mutti ficou bem na minha frente, chorando. A face mostrava que o seu coração estava quase se partindo de angústia com a visão do meu sofrimento. Mas, comigo ajoelhada ali no meio da multidão, elas começaram a sussurrar palavras de encorajamento.

— Vamos, Eva!

— Não vai demorar muito!

— Não desista, Eva!

Mas nenhuma kappo ia ter a satisfação de me ver desistir! De alguma maneira, atravessei as duas horas seguintes até ouvir a voz da kappo:

— Isso vai te ensinar a obedecer as ordens no futuro!

O suplício acabara. Todas se reuniram ao redor e fizeram um grande alarido por eu ter sido tão corajosa e forte — apesar de ser, segundo elas, tão jovem. As mulheres me sustentaram, quase desmaiando, de volta ao barracão, e me deixaram deitada no treliche o resto do dia. À noite, as cólicas estomacais haviam sumido e eu me sentia bem melhor.

De início, pareceu que eu me recuperara porque, durante algum tempo, me tornei uma pequena heroína e isso serviu como uma injeção de ânimo. Muitas mulheres sentiam uma falta tão desesperada de suas crianças que destinaram todo o seu amor maternal para mim, e me tornei uma mascote.

Contudo, a doença tomou conta do meu corpo. Alguns dias depois, acordei tremendo de febre e com uma temperatura tão alta que mal podia me levantar. Mas sabia de tinha que sair para a *Appel* porque, de outro modo, a contagem não bateria; se arrastaria por horas e seria minha culpa.

Meus dentes batiam tanto que mal podia falar.

— Ajude-me, Mutti — gemi.

Ela me ergueu, apoiando o meu corpo no seu até sairmos. Franzi ficou por perto para ajudar a me segurar e conseguimos nos posicionar na última fileira, para que, quando nenhuma mulher das SS ou kappo estivesse por perto para ver, eu pudesse me encostar na parede. Era o princípio da alvorada novamente. A essa altura, eu estava apenas semiconsciente. Uma ou duas vezes, ajoelhei-me após Mutti ou Franzi avisarem que a minha cabeça já tinha sido contada. Durante o dia, fiquei pelo complexo quase sem consciência do que se passava ao redor. No dia seguinte, ainda não melhorara.

Qualquer prisioneira com febre alta era uma colega de cama perigosa. As demais já começavam a reclamar que eu não deveria estar ali. "Leve-a para o bloco do hospital", ficavam importunando Mutti, mas eu me recusava a ir. Apesar de ainda não ter me defrontado com a realidade das câmaras de gás, já percebera que o hospital abrigava as presas mais vulneráveis para tortura e morte. Havia muitos rumores circulando de que eram feitos experimentos com as pacientes, frequentemente com os mais dolorosos e nauseantes procedimentos.

— Não quero morrer! — solucei. — Quero ficar com você, Mutti.

Enquanto estivesse ali, ela me protegeria. Eu não parava de chorar pela doença e pelo medo, mas as demais prisioneiras insistiam implacavelmente e, sob certos aspectos, estavam certas.

— Você pode ganhar remédios lá — falavam —, isso pode salvar sua vida, e não pôr fim nela!

Elas mantiveram a persuasão, porque eu tinha a aparência muito doente, e também me sentia assim.

— Se não por você, faça isso por nós — disse Franzi, para colocar mais pressão na argumentação.

Assim, no fim eu cedi e concordei em ir para o hospital. Todas suspeitávamos de que eu tinha tifo.

Mutti fez o pedido à kappo, dando-lhe o meu número e o seu próprio, para que pudesse me acompanhar. Pelo sistema, se alguém precisasse ir para o hospital, apresentaria o número de manhã e esperaria ser chamada, bloco por bloco. Eu continuava tremendo e suando quando vieram me buscar, mas consegui fazer a caminhada de dez minutos até o centro hospitalar me apoiando no braço de Mutti. Pensei que iria desmaiar, mas permaneci consciente o suficiente para fazer fila com as outras mulheres que apareceram para receber "tratamento". Éramos um miserável grupo de seres humanos imundos e esfarrapados.

Embora fosse simplesmente outro barracão, esse "hospital" parecia muito mais limpo que os demais. Tinha um certo ar de eficiência profissional. Enfermeiras em aventais brancos circulavam apressadas, e havia médicos judeus em jalecos brancos. Ajudantes médicos vestiam os uniformes de listras cinza e azuis dos prisioneiros e pareciam limpos e alimentados. A atmosfera era tranquilizante.

Enfim, surgiu uma enfermeira para encaminhar o próximo paciente para o hospital. Ela era razoavelmente alta, com uma compleição robusta e cabelos longos. Pensei que tinha a face de um anjo. Era uma figura improvável naquele lugar e, em meio às formas emaciadas ao redor, parecia uma amazona. Ela se movia com senso de propósito e, sem dúvida, estava no comando.

Quando Mutti a viu, subitamente deu um grito. Mesmo no meu estado debilitado pude sentir a sua excitação.

— Minni! — ela gritou a plenos pulmões.

A sólida figura da enfermeira virou-se para encarar a minha mãe.

— Fritzi! — ela gritou de volta, correndo na nossa direção e atirando-se nos braços da minha mãe.

Elas se abraçaram com força, rindo e chorando de alegria. Era Minni, nossa amada prima de Praga. Era uma sorte fantástica encontrá-la justamente ali.

Mutti e Minni eram como irmãs, haviam passado muitas férias juntas na infância. Minni casara-se com um famoso dermatologista e, embora estivesse em Birkenau havia vários meses, conseguira obter uma razoável proteção devido à reputação do marido por tratar alemães com doenças cutâneas — e ela com frequência o auxiliara no trabalho.

Minni levou-me para ver o médico, ficando ali para se assegurar de que eu recebesse os remédios certos. Ela concordou com ele que devia ser um ataque de tifo. Eu estava extremamente doente, mas mesmo assim Minni não queria que fosse internada no hospital.

Mutti amparou-me de volta ao barracão. Nessa noite, quando nos alinhamos para a *Appel*, houve trovoadas e chuva torrencial. Mutti mais tarde confessou estar certa de que eu não sobreviveria à noite. Eu ardia de febre e delirava. Franzi ajudou a me puxar e colocar no treliche, onde fiquei num sono induzido pelas drogas, com todas as humilhações e torturas das últimas semanas apagadas da mente.

E então, de maneira surpreendente, quando acordei ao alvorecer para a próxima *Appel*, minha febre tinha desaparecido completamente. Ainda me sentia muito fraca e instável, mas sabia que conseguiria sobreviver.

Todas ficaram contentes. Mutti exultou. Disse a mim mesma que, se soubesse da minha recuperação, Pappy iria se orgulhar. Ele era fanático por boa saúde. Não tinha paciência para quem fazia muito barulho por causa de pequenas enfermidades. Pappy sempre me ensinara a ter coragem.

A doença fez com que eu apreciasse a sabedoria do meu pai na minha criação para ser forte e destemida, porque após o episódio percebi que o meu corpo era capaz de se recuperar, mesmo nas mais adversas condições. A partir daí, tentei não fazer barulho por coisas desimportantes.

A recuperação me deu uma nova visão da vida e ajudou a tornar suportável o insuportável. Disse a mim mesma que dali em diante tudo dependia de mim. Estava determinada a sobreviver à guerra, pouco importando o que eles me fizessem.

A essa altura, todas nós começávamos a perceber a verdade acerca do programa de extermínio e a nos dar conta de que a morte esperava por nós no fim da linha. Ficamos face a face com a realidade da eliminação nos primeiros dias da quarentena de três semanas, na hora da *Appel*. Certa noite, uma guarda alemã das SS aparecera segurando pela mão uma angelical menininha, cujos longos cabelos loiros cacheados desciam até o meio das costas. Sua jovem mãe, de cabeça rapada e com uniforme de prisioneira, ia atrás enquanto caminhavam ao longo das fileiras de mulheres em pé. A guarda estava bastante alegre encorajando a criança a contar as fileiras.

— Uma, duas, três, quatro e cinco em fila — a guarda repetia numa voz cantarolante.

A criança saltitava feliz, esforçando-se ao máximo para acompanhar a contagem, com todas nós paradas, com as cabeças voltadas para a frente e mal ousando um movimento, com medo de espancamento.

Durante os próximos dias, as duas apareceram constantemente na *Appel*. Especulamos entre nós que a mãe devia ser namorada de um oficial das SS, o que explicaria o tratamento preferencial. Jamais descobrimos exatamente o que aconteceu, mas, certa manhã, ela e a filha não apareceram. Nunca mais foram vistas no barracão, e logo espalhou-se o boato de que haviam sido "selecionadas" — o assustador eufemismo para "mortas". Começamos, então, a perceber o quão vulneráveis todas nós éramos.

Agora que Mutti havia feito contato com Minni, sentia-me mais segura. De tempos em tempos, durante a quarentena, ela nos visitava com um pouco de comida extra — um pedaço de pão preto, uma tigela de sopa aguada, às vezes até mesmo uma porção de queijo. Quando vinha nos ver, estávamos sempre tão esfomeadas que comíamos na hora o que quer que ela trouxesse, ocasionalmente guardando um pedacinho para darmos a Franzi. Havíamos descoberto que era inútil economizar comida para depois, porque invariavelmente era roubada durante o sono ou num momento de desatenção. Todas viviam com fome. Nem a imitação de café nem a sopa aguada tinham muito valor nutritivo, ainda mais quando divididas entre cinco. Mutti e eu concordamos que iríamos trocar parte da comida dada por Minni pelas nossas próprias canecas.

Várias prisioneiras notavam Minni dando-nos comida extra e ficavam ao redor, na esperança de ganhar um pouco. Na verdade, havia uma boa quantidade de comida extra circulando, mas não para judias. As prisioneiras polonesas podiam receber pacotes com alimentos de parentes ou da Cruz Vermelha. Às vezes, elas ganhavam algum bacon, queijo ou saco de açúcar. Eu ficava desesperada por algo doce para comer.

Certa manhã, voltando das latrinas, vi algo branco e reluzente no chão.

É açúcar, pensei, abaixando-me e colocando o dedo nas minúsculas partículas brancas. Molhei o dedo para garantir que pegasse todos os microscópicos grãos. Foi a primeira coisa doce que saboreei em semanas.

9

"Canadá"

Perto do término da quarentena, as kappos disseram que as SS viriam nos selecionar para diferentes unidades de trabalho. Todo mundo ficou bastante nervoso, já que entendemos que nosso destino estava prestes a ser decidido.

Durante a próxima *Appel* matinal, um grupo de cinco oficiais elegantemente uniformizados chegou ao campo. Eles foram bastante educados conosco ao caminharem diante das fileiras de mulheres, e ditavam a unidade de trabalho definida a uma kappo, que anotava o número tatuado de cada prisioneira e a respectiva destinação a ela alocada. Tudo foi organizado de maneira muito eficiente. Infelizmente, não tínhamos ideia do que representavam os códigos ou do tipo de trabalho para o qual estávamos sendo mandadas. Apenas sabíamos que algumas unidades eram mais desejadas que outras.

Fiquei parada olhando fixamente para a frente, procurando parecer o mais inteligente possível, sentindo a aproximação dos SS até que estivessem diante de mim, me examinando. De súbito, não me senti mais amedrontada. Olhei direto nos olhos deles, e o oficial mais graduado falou "Canadá".

Sabia que se tratava de uma unidade de trabalho de elite porque todas no nosso complexo disseram desejar ir para lá. Completamente ingênua a respeito dos protocolos do campo, balbuciei:

— A minha mãe pode vir junto?

A kappo me fitou incrédula, mas o oficial alemão pareceu achar curioso.

— Qual é a sua mãe? — ele perguntou num tom bastante razoável.

Virei-me e apontei para Mutti. Observei-o caminhar até ela e, da mesma maneira que um comprador de um cavalo examinaria o animal, girá-la, mexer sua cabeça de um lado para o outro e avaliá-la de todos os ângulos. Então, fez um aceno com a cabeça e disse:

— Sim! Por que não?

Mutti e eu trocamos olhares de alívio. Sentimos que estávamos começando a aprender a manipular nosso destino de uma maneira melhor do que achávamos possível.

Nesse momento, houve uma agitação fora do campo. Podíamos ouvir cachorros latindo selvagemente e sons de tiros. Alguém tentara escapar. Dava para escutar SS correndo para lá e para cá, gritando instruções uns para os outros. As kappos foram convocadas e nós fomos deixadas ali paradas nas fileiras. Em menos de uma hora, ergueram uma forca e todas as presas foram convocadas para testemunhar a execução. Era para ser um exemplo para nós. A fugitiva, uma mulher um tanto robusta com a cabeça rapada, foi arrastada para a frente. Estava toda desarrumada e descalça. As mãos estavam amarradas nas costas e havia manchas de sangue no vestido. Mutti tentou ficar na minha frente para que eu não visse o que se passava. Mas, apesar de estar acontecendo diante de mim e de eu ser forçada a olhar, não vi de fato. Nenhuma de nós viu o enforcamento. Fomos forçadas a olhar — mas não vimos.

Mesmo depois disso, sempre havia alguém tentando escapar. Toda manhã, após a *Appel*, quando as prisioneiras eram tiradas do campo para irem a diversos locais de trabalho, o desejo de fugir era muito forte. Guardas armados patrulhavam com cães prontos para perseguir e derrubar qualquer uma que saísse da linha. Eu acreditava piamente que ninguém jamais poderia escapar.

Na maior parte do tempo, eu tinha medo, mas vez ou outra a esperança crescia dentro de mim, apesar da situação terrível. Após sermos alocadas em unidades de trabalho, seis de nós fomos levadas a um canto e ganhamos o privilégio de vestir um vestido listrado de prisioneira. Então, fomos alinhadas com aproximadamente quatrocentas trabalhadoras escolhidas para o "Canadá". Ao atravessarmos o portão, animei-me com a sensação de liberdade.

— É uma aventura e tanto! — sussurrei para Mutti.

Antes de sair, fomos precedidas por uma pequena banda tocando música militar. Estávamos todas vestidas do mesmo jeito, mas apresentáveis, para que os fazendeiros no campo não pensassem que éramos maltratadas. No entanto, deviam notar os guardas armados e cães que nos acompanhavam, as cabeças rapadas e os rostos secos e exaustos das prisioneiras mais velhas. Muitas de nós pareciam quase famélicas para que eles não soubessem que algo horrível acontecia conosco. Mas, como a maioria das pessoas fazem quando são confrontadas por coisas das quais não querem saber, elas desviavam o olhar.

O sol castigava nossas carecas ao marcharmos na direção do campo de triagem conhecido como "Canadá" — um apelido dado porque era a terra da fartura. Era um complexo imenso, aberto, que abrangia muitas cabanas e galpões erguidos para abrigar os bens trazidos dos trens que mandavam prisioneiros para a morte. Toda manhã, caminhões eram carregados com as últimas posses pessoais dos condenados, deixadas na plataforma do trem, e as jogavam ali para serem filtradas por pessoas como nós.

Vimos enormes pilhas de roupas, montanhas de sapatos esperando para ser separados e um monte, mais alto do que a minha cabeça, de vidro e metal. Ao me aproximar, vi que eram milhares de pares de óculos. Ainda não me dera conta de que seus donos não mais precisariam deles.

Mutti e eu, com dezenas de outras, fomos colocadas num enorme galpão, onde cada uma recebeu um par de tesouras. Tínhamos de soltar as linhas de casacos de peles — centenas deles — em busca de joias escondidas, ouro, dinheiro ou qualquer coisa que pudesse estar ali. Encontrávamos tantas coisas escondidas que, a princípio, parecia um pouco como abrir uma pilha de presentes.

Nós exclamávamos em voz alta ao encontrar algo, especialmente se detectávamos biscoitos ou doces. Nós os agarrávamos e comíamos quase tudo o que quiséssemos, e ninguém nos detinha.

Trabalhávamos numa atmosfera relaxada, porque todas estavam ansiosas procurando, e encontrando, muitos itens de valor. Algumas prisioneiras mais antigas guardavam joias pequenas, como anéis de diamantes, os quais enterravam no chão embaixo dos pés, na esperança de poder pegá-las mais tarde. Tudo parecia muito agradável, até eu de repente pensar nas pessoas que haviam guardado essas coisas preciosas em seus casacos de pele, particularmente quando encontrava fotos de bebês e seus pais sorridentes. Às vezes, esses eram os únicos itens "preciosos" escondidos, o que me entristecia muito.

Ao olhar para a fotografia de um menino em seu bar-mitzvá, cercado pela família sorridente, o galpão pareceu girar ao meu redor e fui atingida pela enormidade do que estava fazendo. Num instante, dei-me conta de que essas pessoas jamais voltariam a se ver, somente no céu. Fiquei paralisada pelo horror e ao mesmo tempo furiosa por ter me permitido desfrutar de algo tão hediondo e horripilante.

Toda noite, as trabalhadoras retornavam aos barracões e esperavam de pé por horas na *Appel* para que tivessem certeza de que ninguém tivera sucesso em escapar durante o dia. Inevitavelmente, a separação dos entes amados, a fome e a desumanização eram insuportáveis para algumas mulheres. Sem dúvida elas sabiam em seus corações que fugir era inútil, mas fizeram um último esforço para se libertar antes de sacrificar as próprias vidas. Às vezes, elas saíam correndo da fila de marcha fora do campo e eram ou fuziladas pelas costas ou derrubadas pelos cães e feitas em pedaços. Ou, quando voltavam para dentro do campo, atiravam-se contra o arame farpado, que tinha uma alta carga elétrica. Elas soltavam gritos horríveis enquanto queimavam até morrer na cerca.

O cativeiro era um fardo que se carregava sozinho. Se recebêssemos uma chance de sobreviver àquelas condições, eu encararia como um desafio excitante, mas compreendi que, assim como um touro numa tourada, não tínhamos uma chance justa. O sistema era planejado para nos matar. Mas a minha determinação de viver era forte, e eu fizera um pacto comigo mesma de que tentaria superar cada desafio.

Ao retornar do "Canadá" para o campo, sofríamos a indignidade de uma revista, para o caso de termos tentado contrabandear qualquer coisa. Tínhamos de abrir as bocas, tirar os sapatos e às vezes nos despir completamente. Apesar disso, as pessoas no campo imploravam para que levássemos comida para elas. Mutti e eu costumávamos correr o risco de sermos descobertas, mas de algum modo conseguíamos esconder um biscoito ou doce para Franzi e uma ou duas amigas.

Minni também fez um pedido.

— Fritzi querida — ela suspirou —, tenho tanto desejo de ter uma colher de prata. Você pode tentar trazer uma para mim?

Minni vinha de uma família rica de Praga e detestava usar as colheres enferrujadas e as canecas lascadas consideradas boas o bastante para as prisioneiras de Auschwitz.

Mutti ergueu as sobrancelhas e contraiu os lábios.

— É arriscado — disse, porém acrescentando: — Mas tenho uma ideia que pode dar certo.

Passaram-se alguns dias antes de eu encontrar uma colher de prata com lindos ornamentos que tinha certeza agradaria Minni. Instruída por Mutti, coloquei dentro do sapato — exatamente como fazia com meus suportes de aço! Sentimo-nos tão audazes. Meu pulso estava acelerado quando entramos no campo. Estava confiante de que, de algum modo, conseguiria. A sorte estava do nosso lado. Nessa noite, a busca foi superficial e rápida, e pude entrar no campo sem ser descoberta. Quando entregamos a colher a Minni, nessa mesma noite, ela ficou contentíssima, e nos sentimos muito bem por termos sido espertas. Por mais subjugadas que fôssemos pelo regime, havíamos provado que não desistíramos. Foi uma importante vitória.

Mais tarde, refleti que fora a coisa mais estúpida de se fazer, porque nós três tínhamos posições privilegiadas. Se tivéssemos sido descobertas, como acontecia com algumas, receberíamos uma severa punição. Poderia até mesmo custar nossas vidas.

6 de junho de 1944 — Dia D

As kappos devem ter suspeitado de mim, porque logo após o incidente da colher fui separada de Mutti e transferida para outra cabana de triagem. Dessa vez, era o departamento de roupas de cama, onde pilhas de maravilhosos edredons de retalhos costurados a mão ficavam amontoados num canto. Fomos instruídas a vasculhar cada centímetro quadrado das peças com os dedos e, se sentíssemos alguma coisa diferente, deveríamos rasgá-los e pegar os itens escondidos dentro. Encontrávamos inúmeros cigarros cuidadosamente costurados em partes diferentes do edredom. Havia relógios de ouro, bolsas com moedas de ouro, joias preciosas e remédios caros indispensáveis que tinham sido escondidos dentro das cobertas.

Na metade do dia, tínhamos autorização para parar por meia hora e comer pão preto com queijo ou geleia confiscada do último grupo de prisioneiros recém-chegados. Se quiséssemos, podíamos comer do lado de fora, tomando sol. Num almoço, eu estava agachada sozinha, com as costas encostadas no barracão, comendo minha ração e preguiçosamente observando um grupo de prisioneiros passar do outro lado do arame farpado quando, de repente, reconheci uma figura familiar. Era meu pai!

10

Reencontro

Dei um salto, gritando:

— Pappy!

Ele olhou para mim com tanta surpresa e alegria que quisemos rir e chorar ao mesmo tempo. Corremos até a cerca que nos separava. Quase podíamos nos tocar, mas não ousamos, porque era muito perigoso. Estávamos inebriados pela empolgação com a coincidência de nos vermos. Naquele vasto campo, sabíamos que era um milagre nós dois estarmos no mesmo lugar na mesma hora. Deus nos reunira por um breve instante, mas para sempre eu passei a sentir que não fora abandonada. Não parava de me lembrar daquele súbito encontro, do nada, com Pappy. Minha fé e determinação de sobreviver foram reforçadas.

A visão do meu pai vigoroso e atraente num uniforme listrado de prisioneiro e com uma boina cobrindo a cabeça rapada foi terrível. Sabia o quão meticuloso era com a aparência. Ele sempre mandara fazer os ternos na Savile Row, de Londres. Odiei essa humilhação e quis chorar por dentro, mas ele estava radiante e sussurrou do outro lado do arame farpado:

— Evertje, *Liebling*. Graças a Deus você está viva.

— Pappy... — Eu não conseguia falar mais.

— Onde está Mutti? Está com você?

— Ela também está aqui no "Canadá" — falei. — E Heinz? — perguntei, esperando que estivesse por perto.

— Ele está bem, trabalhando fora do campo. Ar fresco e exercício estão lhe fazendo bem. Eu trabalho como gerente do escritório numa madeireira aqui perto. Sou respeitado pelos trabalhadores, e até mesmo os chefes das SS parecem impressionados. Venho me tornando indispensável.

Tinha certeza de que ele estaria bem.

— Querida, você consegue alguns cigarros? — ele perguntou, num tom mais urgente.

— Mas você não fuma! — Fiquei surpresa por Pappy ter mudado os hábitos dentro da prisão.

— Não, claro que não, mas são moeda bastante útil aqui. Posso trocá-los por favores. Talvez consiga dar um jeito de voltar aqui amanhã, na mesma hora. Você pode estar aqui também?

Prometi que tentaria, dessa vez com Mutti.

Foi maravilhoso contar a ela à noite sobre o encontro e ver sua face quando soube que Pappy e Heinz continuavam vivos e bem. Choramos de alívio.

Conseguimos dar um jeito de estar perto da cerca quando Pappy veio no dia seguinte. Assisti ao reencontro dos meus queridos pais, enquanto se olhavam através da cerca, e enxuguei com as costas das mãos as lágrimas que corriam pelo meu rosto.

Nos dias seguintes, Pappy voltou com regularidade, e Mutti e eu pudemos jogar-lhe pacotes de cigarros por cima do arame farpado. Às vezes, éramos vistas pelas kappos. Certa ocasião, uma guarda chegou a ver e nos deu um alerta, mas sem muita gravidade. Todo mundo contrabandeava cigarros.

No final da semana, para nossa enorme decepção, Pappy não apareceu mais entre os homens que passaram pelo outro lado da cerca eletrificada.

O trabalho no "Canadá" era sujo e quente, e assim, no fim do dia tínhamos permissão para um banho antes de voltarmos para o barracão. Os chuveiros ficavam num espaço aberto envolvido por uma cerca de madeira. Quando tirávamos a roupa, muitos homens das SS se divertiam espiando por cima da divisória. Às vezes, uns ficavam estimulando os outros a entrar no espaço para brincar com as mulheres, jogando água em nós. Algumas das prisioneiras mais antigas e espertas alertaram-me repetidamente para ter muito cuidado para não ser pega por um alemão e empurrada num canto para ser estuprada. Eu tinha mais medo disso do que de qualquer outra coisa, e então tentava me esconder. Durante algum tempo, consegui me desviar da vista deles me mantendo atrás de prisioneiras maiores do que eu.

Mas um soldado jovem não parava de me olhar. Ele começou a me seguir, me assediando pelo campo. Para onde eu ia, notava que ele me observava — no complexo, nos chuveiros, em toda parte. Tentava circular em grupos para me proteger, mas sabia que ele estava se tornando uma ameaça.

Numa tarde, uma kappo me chamou para levar uma mensagem de um galpão para outro. Quando saí, fiquei aterrorizada ao ver o soldado atrás de mim. Ele tinha um fuzil pendurado no ombro e seus passos soavam deliberados e determinados. Fiquei petrificada. Não sabia o que fazer. Ele facilmente me dominaria e, se eu resistisse, poderia me matar.

"Por favor, Deus, ajude-me!", rezei com fervor, meio correndo, meio andando para me manter afastada dele, até que vi uma enorme pilha de roupas com cerca de 10 metros de altura que haviam sido jogadas ali para triagem. Várias mulheres se achavam agrupadas ao redor, tagarelando e gesticulando, e aí eu rapidamente fui por trás delas e me afundei dentro da montanha de roupas. Tinha certeza de que ninguém me vira e rezei para que, quando eu saísse, o soldado não estivesse mais ali.

Eu podia ouvir as mulheres conversando entre si, enquanto gradualmente reduziam o tamanho do meu esconderijo, mas não ousei deixá-las me ver, já que poderiam me entregar. Fiquei escondida por uma eternidade — pelo menos meia hora. Quando as mulheres se afastaram, tudo começou a ficar em silêncio. Pensei que, se ficasse ali por muito mais tempo, apanharia da kappo, então, devagar e com cautela, tirei minha cabeça rapada de baixo dos casacos e vestidos e olhei ao redor.

Para meu grande alívio, o soldado desistira e fora embora. A sorte ainda estava comigo. Ri, pensando em como devia ter sido engraçada a cena da minha cabeça pelada aos pouco emergindo da montanha de roupas.

Nossa vida "boa" durou muito pouco tempo, apenas algumas semanas, durante junho e parte de julho. Inevitavelmente, nossa sorte começava a acabar.

Em junho, milhares de húngaras chegaram, fazendo com que prisioneiras e trabalhadoras do "Canadá" imprimissem grande velocidade à triagem de suas posses para os nazistas. Eu continuava procurando Pappy todos os dias, mas ele não vinha.

No final de julho, houve uma diminuição das entradas em Auschwitz e fomos dispensadas.

Não havia nenhum outro trabalho do tipo para nós e, assim, Mutti e eu fomos transferidas para o *Aussen Komando*.

Fomos colocadas com um grupo de mulheres que tinham de carregar enormes blocos de pedra de um lado do campo para o outro. Então, para preencher o tempo, devíamos fragmentar as pedras com martelos pesados, transformando-as em pedaços pequenos. Esse trabalho interessante era supervisionado pelos alemães mais brutais. Eram valentões cruéis. Se ousássemos descansar um pouco ou se não batêssemos com força nas pedras, eles nos xingavam, ameaçavam com a coronha da arma e, por fim, batiam. Sofremos durante várias semanas nesse trabalho duro, e Mutti acabou emagrecendo bastante, em parte devido à falta de comida, mas também por exaustão e preocupação.

Às vezes, à noite, tínhamos o raro alívio de uma folga de vinte minutos entre o trabalho e a *Appel*. Foi aí que Mutti teve uma ideia para aumentar nossa dieta.

— Vamos atrás do barracão da cozinha ver o que podemos encontrar na pilha de lixo — ela disse.

Asseguramo-nos de que ninguém percebesse o que íamos fazer, caminhando despreocupadas pelos blocos até chegarmos à fedorenta pilha de dejetos atrás da cozinha. Mutti ficou vigiando enquanto eu pegava a folhagem descartada de uma cenoura.

— Isso deve ser bom para comer — falei, já mastigando.

— Eu tentaria essa parte. —Mutti olhava para folhas e caules murchos. — Diria que é salsa, rica em vitaminas.

Vasculhei ao redor e descobri metade de uma abóbora embolorada ainda com um pouco de polpa dentro.

— Podemos fingir que é um melão — falei.

Colocamos pedacinhos de cascas descartadas e as folhagens de cenoura em nossas canecas e levamos para o barracão. Dissemos que era melão e salsa e trocamos por pão. Todas ansiavam por vitaminas extras. Sabíamos ser essencial tentar manter as forças. Estava se tornando uma questão de vida ou morte para todas nós. Queríamos evitar as pernas e barrigas inchadas que a falta de vitaminas produzia nas prisioneiras antigas.

Revezando-nos na vigilância, tentávamos vasculhar as latas de lixo em busca de folhagens de beterraba, cascas de cebola, folhas de repolho — qualquer coisa que pudéssemos comer com pão, como uma pequena iguaria extra. Mutti me mandava lavar os pedaços de vegetais descartados na imitação de café para evitar infecções.

Ao caminharmos, mantínhamos a atenção no chão em busca de qualquer coisa útil. Uma noite, quando vagávamos miseravelmente pelo complexo, Mutti descobriu alguns baldes cheios de itens descartados, como lenços, luvas e até mesmo cigarros. Eram pequenos pertences pessoais que os recém-chegados haviam guardado nos bolsos até serem forçados a jogá-los fora. Para nós, eram uma preciosidade. Pegamos o que conseguimos. Os lenços estavam sujos, é claro, mas os lavamos da melhor maneira possível embaixo do chuveiro, dobrando-os e guardando-os sob o colchão. Então, andamos pelos blocos oferecendo, "quem quer trocar pão por lenços ou cigarros?", e conseguimos mais ofertas do que tínhamos para dar.

Foi uma maneira incomum de começar um pequeno negócio, mas funcionou. Às vezes, éramos descobertas e punidas — nossa ração de pão foi confiscada —, mas passamos a ser procuradas por mulheres que tinham algo para trocar. À noite, todas nós conversávamos incessantemente a respeito de comida. A essa altura, já estávamos muito magras e letárgicas. Notávamos em todas nós as mudanças físicas. Era curioso, mas praticamente desde a primeira semana, ninguém ficou menstruada. Afligia-nos imaginar o que aconteceria se tivéssemos uma menstruação, ainda mais porque não contávamos com nada para nos mantermos limpas, mas isso nunca ocorreu. Alguém disse que havia brometo na sopa, o que impede o ciclo, mas não sabíamos se era verdade. Eu achava que podia ser o caso, porque frequentemente tinha uma estranha sensação de flutuação após tomar a sopa.

25 de agosto de 1944 — Paris é liberada

A cada poucas semanas, as kappos praticamente rapavam nossos cabelos com enormes tesouras cegas. Era doloroso e humilhante. A cabeça de Mutti ficava com uma aparência nodulosa muito estranha após ser rapada. Ela sempre ficava agradecida quando o cabelo crescia uns poucos centímetros e começava a esconder o crânio novamente. Dizia que se sentia mais humana. As kappos insistiam que os cortes regulares eram para controlar piolhos. Na verdade, era um deliberado processo desumanizador que nos deixava com a aparência e a sensação de sermos criminosas. Odiávamos ter de nos submeter a isso.

3 de setembro de 1944 — Bruxelas é liberada por forças britânicas
2 de outubro de 1944 — O 1º Exército dos EUA rompe a Linha Siegfried, ao norte de Aachen

No começo de outubro, durante as sessões de chuveiro semanais, notamos uma diferença na atmosfera. Algo terrível estava prestes a acontecer. As kappos gritavam mais do que o normal conosco. O medo pairava no ar.

Como sempre, deixamos as roupas do lado de fora antes do banho. Ficamos muito apreensivas ao entrar na sala de banho e ouvir as portas se fecharem atrás de nós. Prendemos a respiração. Quando a água fria caiu sobre nossas cabeças, rezamos aliviadas.

Mas, para nossa consternação, quando as portas se abriram do outro lado, para sairmos, havia vários homens e mulheres das SS. Um oficial esguio, ereto e imaculadamente uniformizado postava-se na frente deles, encarando-nos. De imediato nós o reconhecemos como o Dr. Mengele, que detinha o poder de vida ou morte sobre nós. Ele era conhecido como o Dr. Morte. Histórias sobre os seus chocantes experimentos circulavam entre os prisioneiros e traziam terror às suas vítimas. Percebemos, com grande pavor, que haveria uma "seleção".

Cada uma de nós foi obrigada a participar de um desesperado desfile em que tínhamos de girar lentamente diante dele. Mengele nos escrutinava com uma espécie de precisão clínica para decidir o nosso destino. Todas nós tentamos exibir uma aparência ereta e forte, mas éramos um patético grupo de mulheres desnutridas, extenuadas e emaciadas. A um comando seu, as primeiras foram mandadas para a direita, então uma mulher pequena foi encaminhada para a esquerda. Ela ficou parada ali, tremendo de pavor. Logo depois, outras duas foram mandadas para a sua companhia, onde permaneceram coladas umas às outras. A seleção prosseguia.

Quando caminhei para a frente, ele acenou para eu ir para a direita. Virei-me para esperar por Mutti e fiquei horrorizada ao ver uma kappo empurrando-a bruscamente para o lado das selecionadas.

Eu gritei. Mutti atravessou correndo a sala para um beijo de adeus, mas uma das mulheres das SS a pegou e bateu ferozmente em sua coluna com uma cinta de couro, mas não antes de ela chegar perto o suficiente para me sussurrar uma instrução:

— Tente avisar a Minni!

Meu corpo começou a tremer de maneira incontrolável e os meus dentes batiam com violência enquanto via minha mãe, minha querida Mutti, marchar nua com as outras do seu grupo. Foi o momento mais negro da minha vida. Pensei ser a última vez que a veria.

11

SOZINHA

Vestimo-nos num silêncio amargo. Nessa noite, em vez de sermos levadas de volta ao velho barracão no *Lager A*, fomos conduzidas a uma outra parte do campo, a qual era separada por um portão de arame farpado vigiado com uma sentinela e holofotes.

Franzi tentou me confortar, mas eu estava inconsolável. Simplesmente sabia que tinha de tentar encontrar Minni para contar o que acontecera. Essa compulsão era tão forte que não pensei no que aconteceria comigo se fosse pega.

Disse a Franzi que iria voltar. Ela fez tudo para me impedir, implorando e advertindo, mas nada do que disse fez algum sentido para mim, exceto que, se eu fosse morta, teria o mesmo destino que Mutti.

Fomos conduzidas para nossos treliches mais uma vez e fiquei acordada, esperando pela madrugada. Franzi, que estava ao meu lado, beijou minha cabeça quando desci da cama do meio e esgueirei-me para fora do barracão. Podia ver a torre de vigia e me colei à parede, nas sombras, enquanto o facho do holofote girava devagar em sentido horário pelo campo. Tudo estava quieto. Desloquei-me furtivamente na direção do portão da sentinela sem considerar que poderia estar fechado. Por milagre, estava escancarado, mas não parei para pensar enquanto atravessava correndo, com o holofote às minhas costas.

Fui até o barracão de Minni e entrei sem fazer barulho. Todas dormiam. Os treliches das enfermeiras ficavam perto da porta, e eu acordei a primeira pessoa que vi.

— Preciso ver Minni com urgência — sussurrei.

A mulher acordou de imediato e sussurrou de volta:

— De onde você veio? Quem é você? — Ela saiu da cama e me olhou, para ter certeza de que eu não era uma informante.

— Por favor, por favor, é muito importante — insisti. — Tenho de ver Minni.

A essa altura, várias outras enfermeiras e pacientes já estavam acordadas, com medo da agitação que eu provocava. Ela me pegou pelo braço e me conduziu por algumas fileiras de camas até eu ver o corpo de Minni embaixo de um cobertor fino. Eu a sacudi.

— Eva! — ela acordou com um sobressalto. — O que está acontecendo?

Minni me apertou contra o peito enquanto eu soluçava incontrolavelmente e dava a terrível notícia.

— Eles selecionaram Mutti.

— Calma, querida. Verei o que posso fazer. Eu vou tentar — ela repetia —, eu vou tentar.

Também contei que fora transferida do *Lager* A para o *Lager B*. Agora que tinha feito tudo o que podia fazer, começava a me acalmar.

— Falarei com *Herr Doctor* Mengele amanhã — o tom de Minni me tranquilizou. — Volte agora. Tenha cuidado para não ser vista.

Trocamos um beijo de adeus e regressei para a noite. Ninguém me viu e, surpreendentemente, não havia cachorros por perto. Quando retornei da perigosa travessia, Franzi esperava na porta e me abraçou. Sentia-me fraca e anestesiada e voltei para o meu lugar, emocional e fisicamente exausta. Todas as mulheres que dividiam o espaço no treliche comigo, com algumas amigas holandesas que tinham conhecido Mutti na primeira viagem de trem, estavam acordadas e me aguardavam. Elas tentaram me dar conforto e esperança, e enfim consegui cair no sono.

Pela primeira vez desde nossa captura eu estava sem Mutti à noite.

Na manhã seguinte, após a *Appel*, fomos comunicadas de que seríamos transferidas para o Campo C, a cerca de 2 quilômetros, para outra unidade de trabalho, chamada *Weberei*. Fomos então conduzidas dos horrores familiares para novos horrores.

Eu estava desesperada. Chorei o caminho inteiro. Franzi andou ao meu lado, mas não conseguia fazer nada para acabar com as minhas lágrimas. Eu sentia que era o adeus final e que os últimos laços com a minha família — minha mãe e minha prima — haviam sido quebrados. Nada podia me consolar da noção de que agora eu estava totalmente sozinha.

Nessa primeira manhã após a seleção de Mutti, marchamos até um imenso galpão que continha longas mesas com pilhas de trapos e rolos de papelão. Nossa tarefa era cortar o material em tiras de cerca de 3 centímetros de largura e trançá-las em cordas de uns 5 centímetros de espessura, completando diariamente uma cota de 20 metros. Disseram que o material seria cortado e usado para o lançamento de granadas de mão. Havia apenas uns poucos pares de tesouras em todo o galpão, as quais podíamos pegar emprestadas umas das outras, mas no geral tínhamos apenas nossas mãos como ferramenta. Frequentemente eu precisava usar os dentes.

Durante o dia, as mulheres e os homens das SS andavam ao redor para checar se as cordas trançadas eram fortes o suficiente. Eram bastante rígidos quanto à qualidade. Se você não fazia o trabalho direito, era fortemente espancada. Toda noite, a nossa quantidade individual de corda era medida. No começo, se não completávamos a cota, éramos advertidas para melhorar. Caso não melhorássemos, diziam que seríamos selecionadas. Como era de esperar, algumas mulheres ficaram fracas demais para trabalhar bem, e pouco a pouco perderam a força para rasgar o material mais grosso com as mãos ou os dentes. Uma após a outra, foram selecionadas e desapareceram da linha de montagem. Todas temíamos que isso acontecesse conosco, mas sempre consegui completar minha cota.

Agora que Mutti partira, minhas noites se tornaram intensamente sofridas e, sem seus braços reconfortantes me protegendo, eu achava muito difícil suportar as condições atrozes. Todas perto de mim, de algum modo, tentaram mostrar um pouco de amor extra para compensar, e Franzi assumiu a tarefa de ficar sempre que possível ao meu lado. Assim, ela tornou-se uma das minhas colegas de cama e esforçou-se para substituir Mutti e dar-me carinho à noite. Contudo, todas nós estávamos perdendo o ânimo, exauridas pela tensão e pela falta de comida adequada, e ninguém podia assumir o lugar da minha mãe.

As condições no campo novo, incluindo o dormitório, eram exatamente como antes. No entanto, exceto por Franzi, eu agora tinha um novo grupo de colegas de cama — não havia escolha, simplesmente nos alocavam os lugares ao entrarmos no barracão. As demais no meu treliche formavam uma mistura variada: algumas eram bem mais velhas; algumas eram intelectuais com enorme dificuldade para lidar com a degradação; outras, diamantes brutos, capazes de aceitar as condições — como Gretl, que também era vienense e, mesmo nessa situação sombria, sempre conseguia encontrar algo para nos fazer sorrir. Mas, como a mais jovem, eu me sentia muito vulnerável e caía na autocomiseração. Estava presa no mais abominável lugar e, à noite, sonhava em escapar, fugindo por florestas e escondendo-me dos hediondos torturadores. Não queria vingança contra as kappos, apenas desejava fugir para longe delas. Estava determinada a viver e a ser livre.

Cada noite era um teste de resistência. Pouco importando o que havíamos sido antes da captura — médicas, enfermeiras, donas de casa ou vendedoras —, agora estávamos todas na mesma situação terrível. Tínhamos de ser uma equipe à noite. Ficávamos tão apertadas no treliche que ninguém podia se deitar de costas ou bruços, somente de lado. Nós dez dormíamos juntas como um conjunto de colheres humanas, e quando uma se virava no sono, todas tínhamos de acompanhar. Até o nosso sono era regulamentado.

Em geral, eu ficava tão cansada que não conseguia manter-me acordada, apesar de uma outra espécie de companhia dividir a cama conosco — percevejos pretos, enormes e horrorosos, que se multiplicavam livremente, prosperando com o nosso calor e a lã velha dos treliches.

Cada vez que a "equipe" do treliche de cima se virava, esses insetos nojentos caíam em grande número e grudavam em nossas peles. Eram sanguessugas repugnantes que se fartavam à custa de nossos corpos. Havia tantos que ficaríamos cobertas se não os raspássemos imediatamente. Mesmo assim, nossas peles ficavam marcadas pelas picadas e pelos furúnculos causados por seus ataques.

O modo como tínhamos de viver era nauseante. Um dia, achei que tinha encontrado uma possível solução para o problema de não poder me limpar após usar as latrinas. Vi um grande rolo de lã de algodão branco largado atrás de um barracão, peguei um pedaço e guardei-o no bolso do vestido até poder usá-lo mais tarde. Eu queria alguma coisa macia para me limpar, mas, quando o usei, descobri na hora que não era algodão, mas fibra de vidro. Cortei todo o meu traseiro com pequenos fragmentos de vidro, os quais tive de arrancar do jeito que dava. Logo infeccionou e fiquei dolorida por dias.

Certa noite, fui acordada por uma sensação esquisita no pé. Olhei para baixo e vi um rato preto prestes a me morder e gritei de medo, fazendo tanto barulho que pensaram que eu estava sendo morta. Fiquei tremendo e suando ali até as outras finalmente me convencerem de que o animal havia ido embora. Depois disso, tinha pânico na hora de dormir.

Sofríamos diariamente com a dor causada pela fome. A comida era suficiente apenas para nos manter vivas, nada além. Estávamos sendo devastadas pela necessidade de mais alimentos. Ficamos tão obcecadas por comida que poderíamos cometer qualquer crime para obter rações extras. Com frequência, davam-nos uma papa tão asquerosa e mofada que, embora estivesse aos poucos morrendo de fome, não conseguia comer mais do que um bocado da coisa.

Em alguns dias, eu me oferecia para ajudar a trazer dos barracões de cozinha os pesados caldeirões de sopa, enormes barris de madeira, maiores do que latas de lixo. Eram necessárias quatro de nós para carregá-los de volta. Às vezes, tínhamos a sorte de encontrá-los cheios de leite. Por um minuto ou dois, nós podíamos colocar os barris no chão, longe da vista dos barracões, beber o líquido nutritivo e agradecer a Deus por isso. Tínhamos de ser muito cuidadosas para não deixar nenhum sinal do roubo nas faces ou roupas, caso contrário enfrentaríamos uma cruel surra das kappos.

Devido a percevejos e condições imundas, surgiu um grande furúnculo em minha nuca. Estava dolorosamente crescendo numa bola que precisava ser lancetada. Havia uma kappo particularmente cruel que sempre me batia na *Appel* porque era impossível para mim ficar imóvel tanto tempo. Dessa vez, quando me bateu, sua mão acertou em cheio o furúnculo. Foi o que bastou! O furúnculo explodiu e o pus jorrou para todo o seu rosto e sua mão. Senti uma imensa satisfação ao ver sua cara de nojo enquanto se limpava.

Aprendemos muito cedo que era essencial ter um utensílio próprio para a comida, de preferência uma caneca ou tigela, para a sopa aguada, e nas primeiras semanas Mutti e eu passamos sem pão para trocá-lo por uma para cada uma de nós. Também percebemos que essas enferrujadas canecas velhas eram itens preciosos que, caso você se descuidasse, acabavam roubados. Geralmente, eu a amarrava na cintura com um trapo ou pedaço de cordão, mas mesmo assim houve vezes em que perdi a caneca e tive de passar fome de novo para conseguir outra. Os banhos semanais significavam que todas as nossas roupas eram removidas para despiolhação. Nada pertencia a nós pessoalmente e, se possuíamos algo para deixar a vida um pouco mais civilizada — como uma caneca, um alfinete, um pedaço de sabão —, era comum que isso se perdesse com nossas roupas na porta dos chuveiros. Nós começamos a desenvolver métodos para manter esses objetos.

As kappos tinham olhos atentos e puniam quem pegassem com algo de valor. Ao passar diante delas a caminho dos chuveiros com as demais mulheres nuas, aperfeiçoei a técnica de segurar a caneca na minha frente e, logo depois, nas costas.

Era um jogo terrível devido à chance de ser descoberta e sofrer os espancamentos que podiam se seguir. Ainda assim, nossas pequenas posses significavam tanto para nós que nos determinávamos a ludibriar as kappos se houvesse alguma chance. Escondíamos coisas nas axilas ou até mesmo de maneiras mais engenhosas. Uma mulher que outrora tivera seios grandes, então reduzidos a magras pelancas, tentou esconder uma toalhinha embaixo deles. Bem quando estava entrando nos chuveiros, o olhar atento da kappo detectou uma pontinha de tecido que aparecia. Ela caminhou até a contraventora e, com uma expressão pervertida na cara, pegou o mamilo com o polegar e o indicador, levantou a pelanca e deixou cair a toalhinha no chão. Ficamos todas congeladas de pavor. Houve um silêncio absoluto, enquanto esperávamos pelos gritos de insulto, mas a kappo de repente viu o lado cômico da situação e riu. Para nosso alívio, o incidente acabou aí.

Após o banho, jogavam para nós um conjunto diferente de roupas despiolhadas. Se tínhamos sorte, achávamos pequenos itens nos bolsos, os quais podíamos usar em trocas. Dá para imaginar trocar um alfinete enferrujado para não deixar as calcinhas caírem por um pedaço de trapo para se enxugar? O menor dos objetos era moeda preciosa.

Era um alívio sentir-se limpa novamente, mas a sensação durava pouco tempo. Éramos infestadas por piolhos. Essas pragas rastejavam por todo o corpo, me mordiam atrás das orelhas, entre as pernas, em qualquer parte da pele que estivesse úmida e quente. Todas eram atormentadas por eles. Apesar de os barracões serem limpos, nós próprias éramos imundas, e nossa condição física encorajava a multiplicação dos piolhos. As mordidas provocavam bolinhas de sangue, que explodiam quando as coçávamos. Era impossível não coçar — quase íamos à loucura. Uma vez por semana, após o banho, jogavam em nós algum tipo de pó que provavelmente matava os piolhos, mas não os ovos, de modo que alguns dias depois estávamos de novo infestadas.

À noite, os percevejos retomavam os ataques. Por volta de meados de outubro, quando eu havia conseguido mais uma vez não me separar da minha caneca durante o banho, cuidadosamente, como sempre, coloquei-a à vista e ao alcance da mão na beirada do treliche, antes de cair num sono exausto. A noite foi úmida e desconfortável. Quando acordei na manhã seguinte e estendi a mão para garantir que a caneca continuava ali, vi que estava coberta, por dentro e por fora, com uma camada viva de percevejos de cerca de 2 centímetros de espessura. Quando peguei a caneca, meus dedos os esmagaram e o sangue deles esguichou na minha mão. Estremeci de nojo. Quase passei mal. O mesmo aconteceu de novo com outro incidente, algumas manhãs depois.

Toda noite, os dois baldes que serviam de privada em cada extremidade do barracão eram usados continuamente. Quem tivesse o azar de chegar aos baldes e encontrá-los cheios era compelida a levá-los até o barracão das privadas e esvaziá-los. Isso significava que era preciso andar dez blocos com baldes derramando excrementos. Essa tarefa medonha, claro, era adiada por todo mundo até o último momento possível, quando os baldes estavam cheios até as bordas e, com frequência, era eu quem tinha de fazer esse transporte nauseante. Eu lutava pelo caminho para evitar respingar nos meus pés. Os baldes eram tão pesados que a pessoa tinha de ser muito forte para carregá-los. As mais fracas não conseguiam ir muito longe e, às vezes, secretamente esvaziavam o conteúdo do lado de fora, perto do bloco.

Nessa manhã particular, uma alemã das SS notou a sujeira do lado de fora. Ela entrou furiosa no barracão, na hora em que estávamos acordando.

— *Verfluchte Mistbienen!* Vocês não podem nem mesmo carregar sua merda até o lugar certo? — esbravejou conosco.

Então, pegou a minha caneca e jogou o conteúdo do balde mais próximo no maior número possível de prisioneiras. A imundície caiu em todo o meu vestido e em minhas pernas, e eu sabia que não haveria como me limpar antes do fim da semana. Ficamos fedendo até o próximo banho.

Foi o momento em que senti o maior desespero e degradação. Estremeci por dentro, pensando em Pappy e todos os seus bons conselhos sobre manter-se limpo. Eu era impotente contra o sadismo das kappos. Nada era capaz de me fazer sentir mais verdadeiramente sozinha e atemorizada.

24 de outubro de 1944 — Aachen é capturada pelo 1º Exército dos EUA

Sentindo-me totalmente abandonada, fui perdendo a coragem e a esperança que haviam me mantido viva. Sabia que perdera Mutti, e desesperada ansiava por reencontrar Pappy. Eu precisava de alguém para me encorajar a viver; sem ajuda amorosa, não conseguia continuar lutando pela sobrevivência. Estava completamente possuída pela autocomiseração. Era jovem demais para cuidar sozinha de mim mesma. Não havia ninguém com quem eu quisesse conversar ou trocar confidências. Todas ao redor pareciam muito mais velhas. Até mesmo Franzi, que tinha 25 anos, parecia velha demais para mim.

Antes desse momento, eu fora propelida por um intenso desejo de sobreviver, um espírito alimentado pelos laços íntimos com Mutti, minha necessidade de viver por ela e por mim mesma, e pelas lições de sobrevivência recebidas de Pappy. Dali em diante, começava a perceber que não tinha mais a capacidade de me agarrar ao passado. Mesmo que conseguisse sobreviver, não enxergava nenhum tipo de futuro para mim. Não via como poderia lidar com um mundo sem a minha família.

E assim, sofrendo os horrores do presente e sem vislumbrar nenhuma esperança no futuro, comecei a me resignar com a morte.

12

Pappy

Eu passava 14 horas por dia sentada no banco, com fome, frio e solidão, trabalhando na minha cota de cordas. Fiquei com depressão profunda, chorava o tempo inteiro e raramente falava. Cortei todos os pensamentos, exceto os sombrios.

Uma manhã, por volta das 10 horas, uma kappo entrou no galpão de trabalho; ela parecia estar procurando alguém. Estávamos morrendo de medo. Com frequência, quando pegavam alguém era porque a pessoa havia feito algo de errado e estava prestes a ser punida, ou até mesmo morta. A kappo andou para cima e para baixo na oficina, vasculhando as fileiras de rostos assustados, e, quando a senti parada atrás de mim, congelei de medo. Embora eu estivesse com a cabeça abaixada, as mãos tremiam tanto que mal conseguia prosseguir com o trabalho. Esperei sentir um forte golpe nas costas, mas, para grande surpresa, ela falou num tom bastante diferente daquele que eu me acostumara a ouvir das kappos.

— Vá para fora — disse com voz amistosa. — Alguém quer vê-la.

Eu simplesmente não conseguia imaginar quem pudesse querer me ver, e fiquei aterrorizada. Talvez eu tivesse caído nas vistas de um homem das SS que me desejava para sexo. Não tinha a menor vontade de me mexer, mas a kappo insistiu e continuou a me tocar nas costas, dizendo "Apresse-se!".

Lenta e relutantemente, arrastei-me para fora nos meus sapatos inadequados, os olhos pregados no chão — não ousava fitar a pessoa à minha espera. Quando enfim ergui a cabeça, mal pude acreditar.

— Pappy! — gritei.

Lá estava ele, com o uniforme de listras azuis e cinza de prisioneiro e uma boina na cabeça rapada. Parecia muito mais magro e velho do que eu me lembrava, mas os olhos estavam cheios de um imenso amor por mim. Joguei-me em seus braços e senti seu calor e sua força fluírem para mim e me trazerem de volta à vida.

Quis gritar de alegria, mas comecei a chorar. Eu soluçava incontrolavelmente enquanto ele me mantinha perto de si, como se jamais fosse me soltar. Deve ter se sentido tão feliz quanto eu, com a filhinha em seus braços mais uma vez.

Por fim, papai me afastou, devagar.

— Evertje, não chore — falou. — Tudo ficará bem. Onde está Mutti? Eu vou tentar vê-la também.

E, então, tive de contar. Meu corpo tremia de angústia ao dizer:

— Oh, Pappy! Ela foi selecionada e mandada para as câmaras de gás.

Pappy cambaleou para trás, como se eu tivesse batido nele. Tentou não desmoronar na minha frente, mas seus olhos encheram-se de lágrimas e pude ver que o seu mundo se destruíra.

Ele conseguiu se recompor, por mim, e conversou em voz baixa, mas firme. Mandou que eu fosse corajosa e não desistisse.

— Logo estaremos livres, Evertje — prometeu, apertando-me forte —, e ficaremos juntos novamente. Você, eu e Heinz.

— Como está Heinz? — Não ousara perguntar antes.

— Ele está bem — Pappy afirmou. — Trabalha na horta, cuidando dos tomates. O ar fresco e o exercício estão sendo benéficos.

Tinha certeza de que Pappy mentia.

— E você precisa ver como seu irmão está alto — Pappy continuou.

Não havia nada que eu quisesse mais!

— Eu tenho um bom trabalho. — Ele tentava me tranquilizar. — Continuo responsável pelo escritório da madeireira perto daqui, e você pode ver que ganhei permissão do chefe das SS para vir encontrá-la.

Ergui os olhos para ele, maravilhada com sua habilidade para inspirar tanta confiança. Pappy era extraordinário. Conseguira manobrar a situação a nosso favor. Eu o adorava, idolatrava.

— Eu voltarei — prometeu. — Agora tenho de ir à cozinha falar com uma das cozinheiras.

Ele segurou meu rosto nas mãos por um instante e beijou-me suavemente na bochecha.

— Vou providenciar para ela lhe dar um pouco de comida extra aqui e ali. — Então, Pappy me fez dar meia-volta, empurrou-me suavemente na direção da porta da oficina e foi embora.

Voltei para meu lugar no banco como se estivesse num sonho. Era a primeira vez que o via desde o "Canadá".

Todas haviam parado de trabalhar e olhavam para mim, espantadas. Eu me sentia radiante e devia estar transbordando de alegria, porque todas as mulheres sorriam de volta para mim. Estavam genuinamente contentes porque algo bom podia acontecer mesmo naquele lugar terrível.

Tinha fé total em Pappy. Estava convencida de que enfim tudo começaria a melhorar e que ele seria capaz de providenciar para que eu tivesse algumas batatas extras, qualquer coisa que aliviasse a sensação vazia de fome intensa que ardia dentro de mim sem cessar.

Nessa noite, após o trabalho, caminhei hesitante para o barracão da cozinha. Quando pus meu rosto na porta, uma garota polonesa afável e de seios fartos me reconheceu.

— Que homem é o seu pai! — ela disse cheia de si, estalando a língua e virando os olhos para o teto. — E providenciou isto para você.

A garota me entregou uma tigela de legumes quentes, que eu agarrei e devorei na hora, observada por ela, que ficou ali parada, sorrindo para mim. Eu estava no céu.

Depois disso, toda noite eu ia até a porta da cozinha para ganhar alguns restos deliciosos. Mas o prato mais satisfatório de todos foi uma tigela fumegante de água salgada usada para cozer batatas. Foi a coisa mais deliciosa que já provei. Pensei em como fôramos estúpidas no passado, jogando fora essa deliciosa e nutritiva refeição direto pelo ralo!

Eu estava orgulhosíssima por Pappy. Mesmo num uniforme da prisão e com a cabeça rapada, meu pai ainda irradiava um charme que as mulheres achavam irresistível. Apenas ver um prisioneiro já era uma aventura para qualquer mulher no campo, e assim correu a história de que meu pai e eu, de algum modo, éramos protegidos pelas SS. É claro que não era verdade, mas essa reputação garantiu que a partir daí as kappos me tratassem com uma certa dose de respeito e evitassem me assediar.

Cada vez que uma kappo ou mulher das SS se aproximava para inspecionar meu trabalho, ela parava e dizia, meio sarcasticamente: "E como vai o seu pai?"

No fim de outubro, fui novamente chamada para fora. Encontrei Pappy mais uma vez, e ele garantiu que Heinz estava bem e que chegavam notícias da ofensiva aliada.

— Evertje, estou convencido de que a guerra não vai durar muito tempo — ele disse. — Tenha esperança. Logo, tudo estará acabado.

Trocamos olhares de amor e saudade tão intensos que ainda vejo seu rosto assim nos meus sonhos.

Novembro de 1944

O frescor do outono polonês afastou o longo e quente verão e então o frio do inverno começou a nos envolver. A *Appel* ainda acontecia duas vezes por dia, ao amanhecer e à noite. Com os ventos do norte varrendo as planícies, os guardas das SS protegeram-se com grossos sobretudos e as kappos vestiram camadas extras de roupas, mas nós não recebemos nada. A distribuição se limitava apenas a um par de calcinhas, uma vestimenta e os sapatos precários que nos faziam parecer ainda mais frágeis do que já éramos. Nós tremíamos para nos manter vivas.

Embora o barracão em que eu trabalhava nas cordas trançadas fosse uma cabana de madeira fechada, não havia assoalho, só terra, que deixava passar umidade e frio. Ficávamos o dia inteiro sentadas às mesas com os pés no chão gelado. Às vezes, eu punha um pedaço de pano embaixo dos pés dormentes, mas, se uma kappo notava, era obrigada a pegá-lo. Desejava tanto um par de meias quentes e confortáveis!

Passei a ter geladuras nos dedos dos pés. À noite, quando o calor das colegas de treliche começava a esquentar os pés gelados, a dor lancinante me acordava. Eu ficava ali soluçando e rezando para que Pappy viesse de novo e me salvasse. A cada dia que passava, o frio na oficina e no barracão tornava-se mais insuportável. Mas Pappy não veio.

A essa altura, meus dedos já tinham grandes buracos infeccionados, e eu mal podia andar. À noite, com o sangue retornando aos pés, eu gemia de agonia. Franzi não parava de repetir "você precisa ir para o hospital".

Eu tinha medo demais para concordar. Seleções eram feitas o tempo inteiro. Embora estivessem perdendo a guerra, os nazistas continuavam com a meticulosamente planejada aniquilação do povo judeu. O desumano regime das SS, a falta de higiene e o frio intenso aceleravam as mortes. Após dar entrada no hospital, a maioria das pessoas nunca mais era vista.

— Não quero ir para o hospital — eu dizia, teimosa. — Sei que não me deixarão sair e serei selecionada.

Nessa mesma noite, após o trabalho, quando cerca de quarenta de nós deveríamos tomar o banho semanal, fomos comunicadas de que os chuveiros habituais estavam com defeito e que teríamos de usar os de outro campo. Ficamos horrorizadas, tínhamos certeza de que era um truque para nos colocar dentro das câmaras de gás.

Ao marcharmos, tínhamos em mente que aqueles eram nossos últimos momentos na Terra. Ficamos todas bem juntas. Franzi segurou minha mão para um pouco de conforto. Entramos na antessala dos chuveiros sem dizer nenhuma palavra. Quando veio a ordem para tirarmos a roupa, ficamos estáticas, sem o menor gesto para nos despirmos. O grupo inteiro de mulheres se recusou a cooperar. Nenhuma de nós iria entrar espontaneamente numa câmara de gás.

As kappos começaram a gritar conosco:

— Porcas judias nojentas, preparem-se!

Mas dessa vez, convencidas de que estavam mandando nos preparar para morrer, ninguém se mexeu. Pouco importando o quanto as kappos gritassem ou nos batessem com cassetetes, ficamos passivas, sem colaborar.

As kappos estavam completamente perplexas. Esse era o primeiro grupo resistente que encontravam, e elas não sabiam como lidar com isso.

— São chuveiros, suas tontas — elas gritavam. — Vocês serão fuziladas se não entrarem.

Mesmo assim, continuamos paradas. Foi um momento de desafio. Embora não me sentisse muito corajosa, disse para mim mesma: *Quando eu morrer, Mutti e eu estaremos juntas outra vez.*

Por fim, elas pediram reforços. O prédio foi cercado por dezenas de alemães armados e cães. Vários soldados entraram e apontaram fuzis para nós, e ainda assim continuamos quietas, resistindo ao nosso destino.

Um oficial entrou, rapidamente pôs-se a par da situação e, muito educado, disse em alemão, em voz alta:

— Posso garantir-lhes que não há nada a temer. Se uma de vocês inspecionar os chuveiros, verão que não queremos fazer-lhes mal.

Dessa vez era verdade! Eles abriram as portas e pudemos ver água quente correndo. Nós choramos e rimos de alívio, mas também nos sentimos um pouco orgulhosas. Havíamos resistido às ameaças com uma coragem que nos surpreendeu a todas.

Após o banho, enfim ganhamos roupas mais quentes. Recebi algumas calcinhas, dois sapatos esquerdos e um pesado sobretudo masculino, tão comprido e pesado que mal me permitia andar, mas era um abrigo ao redor do corpo, e deixou-me um pouco mais quente à noite.

No dia seguinte, devia ser por volta do meio-dia quando um novo grupo de mulheres chegou às nossas cabanas de trabalho. Reconheci algumas delas porque eram holandesas e haviam viajado no mesmo trem de Westerbork para Auschwitz. Passamos juntas pelas semanas de quarentena.

De repente, uma delas me viu sentada ali e gritou para as outras. Elas correram para mim e começaram a falar ao mesmo tempo.

— Eva! Graças a Deus você está viva!

— Temos algo para te contar!

— Temos uma notícia maravilhosa para você!

— Nós ficamos no centro hospitalar...

Eu estava tão confusa, todas falavam ao mesmo tempo, mas só entendi uma coisa.

Mutti estava viva! Ela permanecia no hospital, respirando e viva. Minni a salvara.

13

A HISTÓRIA DE MUTTI

Começo de outubro de 1944

Minha última imagem de Eva, enquanto eu era levada embora com as outras mulheres selecionadas, foi dela parada ali, nua, em lágrimas, com os braços de Franzi ao seu redor. Quando os guardas armados nos conduziram, senti que acabara de abandonar minha filha no momento em que ela mais precisava de mim. Jamais me senti tão desesperada.

Fomos levadas para um barracão no meio de um pátio cercado por muros. Eu sabia que o prédio fora usado para manter prisioneiras acometidas de "*kraetze*",[3] uma doença cutânea altamente infecciosa. Também vi que agora era usado para abrigar as prisioneiras selecionadas para as câmaras de gás. Os guardas bateram as portas e as trancaram ao partir.

Estávamos agora nas mãos de várias kappos jovens, que nos entregaram cobertores para cobrirmos os corpos nus e trêmulos. Ninguém falava e, apesar de perceber a misericórdia que as

[3]Sarna. (*N. do T.*)

jovens sentiam por nós, todas sabíamos que não adiantava nada consolar umas às outras. Éramos cerca de trinta trancadas juntas. Não recebemos nada para comer ou beber. A única amenidade eram os dois baldes em cada extremidade do barracão.

Estávamos completamente exaustas e caímos nos colchões de palha compartilhados por todas. À noite, tive um sono intermitente, pensando na minha vida até esse ponto e desejando estar junta de Erich e das crianças. Desejei desesperadamente que eles pudessem viver para desfrutar tudo o que a vida tem a oferecer, e que Eva tivesse permissão para experimentar as alegrias do amor e da maternidade. Se eu pensasse nisso quando morresse, minha força poderia ir para ela e seria mais fácil aceitar a morte.

Querido Deus, rezei, *dê a ela essa oportunidade.*

Durante a noite, algumas mulheres choraram baixinho, outras gritaram, histéricas, por horas, perdendo completamente a cabeça, batendo os punhos contras as portas até caírem de exaustão. Não tínhamos água, comida, roupas, nada. Pensei que deviam ter se esquecido por completo de nós. Havíamos sido trancadas para morrer devagar, e algumas de nós ficavam deitadas imóveis, como se já estivessem mortas.

Na manhã seguinte, uma kappo apareceu e nos disse que podíamos sair para o pátio se quiséssemos, mas a maioria preferiu continuar lá dentro.

Reconheci uma mulher do grupo holandês que eu sabia ser muito religiosa. Ela tentou reunir algumas das criaturas infelizes ao seu redor para rezar, mas só umas poucas aceitaram. Saí para o pátio e escutei vozes e gente marchando do outro lado do muro, mas fiquei com a sensação de que esses barulhos faziam parte de um outro mundo. Quando entrei de novo, tentei conversar com algumas companheiras, mas nenhuma respondeu. As horas se passavam muito lentamente, e quando escureceu tentamos de novo dormir e esquecer a sede, a fome e a miséria. À noite, ganhamos a companhia de aproximadamente mais cem mulheres, destinadas a compartilhar nosso destino.

Por volta do meio-dia do segundo dia, as portas foram destrancadas e nos conduziram para o pátio, onde nos ofereceram um pouco de sopa aguada.

Por que eles estão fazendo isso?, lembro-me de ter pensado. *Estamos prestes a morrer. Por que se incomodam em nos alimentar?*

Algumas mulheres acharam que a sopa poderia estar envenenada e, então, começaram a chorar.

— Bem, vou tomar de qualquer jeito — eu lhes disse. — Que diferença fará? — E dei um passo adiante para pegar minha cota.

Outras começaram a seguir o meu exemplo e entraram na fila para a sopa. Não parecia haver nada de errado com ela, e nós bebemos com avidez, passando as canecas de mão em mão.

Imediatamente após a sopa, trouxeram e distribuíram roupas. Ninguém ligou para o que vestia, e eu encontrei um vestido de flanela escura com bolinhas brancas largo que descia até os meus pés.

Uma *Appel* foi ordenada e esperamos para ser contadas. Algumas mulheres estavam tão fracas que caíram de joelhos, fazendo uma kappo gritar para se levantarem. Esperamos em silêncio, algumas mal conseguindo respirar.

Por fim, dois oficiais das SS entraram apressados no pátio e falaram com a kappo. Um deles tirou uma folha pequena de papel do bolso superior e entregou a ela. A kappo caminhou pelas fileiras de mulheres emaciadas e piolhentas, gritando dois números do papel. Para minha surpresa, vi que um deles era o meu. Dei um passo adiante e estendi o braço tatuado. O mesmo fez outra mulher.

— Venham conosco até o Dr. Mengele — ordenou um dos homens das SS.

A reputação de Mengele era bastante conhecida no campo. As kappos, ansiosas para não poupar os sentimentos de ninguém, haviam contado todas as coisas malignas que ele fazia. Disseram isso principalmente para nos aterrorizar e intimidar, mas também, suspeito, para se livrarem dos próprios sentimentos de cumplicidade e culpa.

Eu sabia que Mengele conduzia experimentos abomináveis sem anestesia em mulheres e que tinha particular interesse em usar gêmeos nas suas pesquisas pseudocientíficas.

— Se você é gêmea, fique alerta, Mengele virá atrás de você! — as kappos falavam com desdém, acrescentando: — São *eles* que estão fazendo isso a vocês, não nós. Apenas obedecemos ordens.

Eu fiquei bastante perplexa. *Não sou gêmea*, pensei. *Por que ele iria me querer?*

A kappo me empurrou para a frente com rudeza, bem como a outra prisioneira, e fomos conduzidas pelas SS para um prédio vizinho. Fui de imediato levada a uma sala, onde reconheci o Dr. Mengele sentado a uma escrivaninha. Ele ergueu os olhos para mim.

— Você. Tire a roupa! — ordenou.

Obediente, tirei o vestido e fiquei nua na sua frente.

Ele levantou-se e passou algum tempo inspecionando meu corpo, andando devagar ao redor e olhando-me de todos os lados.

— Você tem parentes neste campo? — perguntou, sem pressa.

— Sim, meu marido e meus filhos — respondi.

— Mais ninguém? — tornou a indagar.

Eu, de súbito, me dei conta de que deveria ter sido chamada graças à intervenção de Minni, e que ele se referia a ela.

— Ah, sim! Minha prima Minni também está aqui! — exclamei.

Ele assentiu.

— Vista-se — falou secamente, e me mandou sair.

Fiquei esperando incrédula até a outra prisioneira — uma mulher magra e pequena com mais ou menos a minha idade, que mais tarde contou-me ser francesa — sair. Juntas, fomos levadas, tropegamente, a outro barracão e entregues à kappo no comando.

A kappo deu-nos pão e café artificial, e depois tivemos permissão para nos deitar num treliche, que estava vazio porque todas as mulheres haviam saído para trabalhar. Minha companheira, Loretta, e eu ficamos juntas, falando sobre nossa sorte e tentando adivinhar o que nos aconteceria em seguida. Minha esperança era que Minni viesse e me levasse para o hospital.

Mas nessa mesma noite, durante a *Appel*, a kappo do Bloco da Morte surgiu, gritando que precisava de duas para o seu "carregamento". Talvez por eu ser alguns centímetros mais alta que as outras, a kappo me avistou.

— *Você!* — a kappo se aproximou e encostou o dedo em mim. — Sua cavalona! Venha, e essa do seu lado. Vou levar vocês duas!

Não conseguia acreditar. Havia acabado de escapar, e agora, mais uma vez, estava sendo sentenciada à morte. Era o pior tipo de crueldade.

Loretta e eu logo estávamos de volta ao Bloco da Morte. Deitamos juntas num canto, esperando com as demais condenadas, subjugadas pela fome e exaustão.

Por volta da meia-noite, ouvimos caminhões encostando do lado de fora. Em seguida, o som de botas e cães latindo.

— *Sau Juden*, levantem-se e saiam! — as kappos ordenaram, e todas soubemos que isso era o fim para nós.

As portas se abriram e vários soldados jovens, alguns com fuzis apontados, formaram um corredor até o fim da fila de caminhões.

Quando saímos do barracão, fiquei impressionada pela luminosidade da lua cheia. Ela brilhava através de um vasto céu limpo e banhava nossas peles pálidas com uma pura luz branca. A beleza noturna contrastava terrivelmente com a cena horrenda à frente. Eu me movia em silêncio na fila, sem protestar, na direção de uma oficial das SS sentada diante de uma mesinha com uma lista. Atrás dela, os caminhões esperavam para nos levar às câmaras de gás. Primeiro, contudo, era necessário conferir se a carga estava correta. Na alocação da morte, como em todas as coisas, os alemães eram muito precisos.

Resignadas com o destino, as mulheres moviam-se na fila com dignidade rumo aos caminhões até que, subitamente, uma prisioneira falou, com voz débil:

— *Frau Obersturmführerin*, sou filha de um oficial alemão que caiu na Primeira Guerra Mundial.

A oficial deu de ombros.

— Eu só tenho 16 anos — implorou outra. — Por favor, me poupe. Por favor, me deixe viver.

Mas não havia nenhuma emoção na face da oficial, que continuava a checar as listas.

Esse é realmente o fim, pensei, e Minni nem sequer saberá o que aconteceu. Ninguém pode me salvar agora!

Loretta estava na minha frente e, ao chegar à mesa, disse com ousadia:

— *Frau Obersturmführerin*, nós duas não devíamos estar aqui. Fomos tiradas de um outro bloco.

— É mesmo? — a oficial olhou para cima. — Quais são seus números?

— A/6893.

— E eu sou A/5271 — disse-lhe.

— De fato? — O lápis corria pelo papel.

Mortificada pela apreensão, esperei enquanto a oficial checava os números. Ela fez uma careta e virou-se para a kappo.

— Essas duas mulheres foram trazidas aqui separadamente? — perguntou, furiosa com a contravenção das ordens.

— Eu tinha de completar os meus números. Precisava ter um carregamento completo — a kappo pôs-se a lamuriar.

A mulher das SS ergueu-se de supetão e agarrou a kappo, acertando-a com tanta violência que ela caiu humilhada no chão. Então, Loretta e eu observando, as portas do caminhão foram fechadas e o motorista recebeu ordem para ir embora. Depois que o caminhão partiu, fomos conduzidas para outro barracão.

Durante a madrugada, o crematório ardeu por muitas horas, e chamas lançaram-se das chaminés para o claro céu noturno.

14

Mutti

[Continuação da história de Eva]

Fiquei estupefata quando soube que Mutti continuava viva. Nos últimos dois meses eu acreditara que ela havia morrido. Comecei a chorar. Franzi veio correndo e colocou os braços ao meu redor, e todas na cabana olhavam para mim — até mesmo as kappos estavam sorrindo. Foi o único dia em que não atingi a minha cota de cordas, mas ninguém falou nada.

Na semana seguinte, fiquei do lado de fora sempre que possível, esperando ver Pappy e dar-lhe a notícia. Ele prometera voltar logo e eu sabia que viria. Mal podia esperar para testemunhar a felicidade em seu rosto quando eu sussurrasse no seu ouvido: "Mutti está viva, Mutti está bem!"

Mas ele jamais veio.

Comecei a me dar conta de que eu havia encontrado minha mãe, mas perdido meu pai.

As geladuras nos pés pioravam. Os buracos nos dedos ficavam cheios de pus amarelo, e eu só conseguia andar mancando.

Franzi não parava de insistir para que eu fosse ao hospital. Eu sabia do risco, mas agora que recebera a maravilhosa notícia de que Mutti estava lá senti-me mais inclinada a ir. Acima de tudo, tinha a esperança de que poderia vê-la. Coloquei meu nome da lista para tratamento médico, sabendo que teria de esperar pelo menos uma semana até chegar a minha vez, já que apenas dez ou doze pessoas eram vistas por dia. Exatamente uma semana depois, na *Appel* matinal, meu número foi chamado, eu me juntei ao grupo diário de doentes e marchei para o hospital.

Rezei para encontrar Minni quando chegasse e, para minha felicidade, ela ainda era assistente do médico. Eu a vi quando saiu para buscar a próxima paciente.

— Minni! — chamei-a com discrição.

Ela olhou, mas não me reconheceu.

— Sou Eva! — disse-lhe.

Minni deu um grito e correu imediatamente para me abraçar. Ela me afastou um pouco para dar uma boa olhada em mim. Eu devia oferecer uma vista e tanto: a cabeça rapada, as bochechas rubras devido ao grande frio externo e dois sapatos esquerdos aparecendo embaixo do sobretudo masculino que ia até os meus tornozelos.

Minni ficou bastante feliz.

— Ela é minha prima. E não parece bem! — disse ao médico judeu.

Minni perguntou se podia me levar para ver minha mãe, e ele autorizou.

Ela pegou-me pela mão e conduziu-me até o fundo do barracão hospitalar. O fedor — urina, carne decomposta e morte — atingiu em cheio minhas narinas. Vi fileiras e fileiras de treliches estreitos, com duas mulheres em cada cama. Minni levou-me pelas fileiras e, de repente, apontou para o nível superior de um treliche. Ela me deixou ali e voltou para a frente.

Pisei na cama de baixo e me ergui até a do alto.

— Mutti, Mutti! — chamei.

Uma figura deplorável, com a cabeça rapada, ergueu-se e me fitou, incrédula. Seu rosto encovado murmurou "Evertje", e ela agarrou minha mão.

Lentamente, e com muita dor, minha mãe desceu da cama do alto, e então mais uma vez estávamos nos braços uma da outra. Ela estava quase morrendo de fome. As faces estavam secas, os olhos azuis haviam desbotado e afundado nas órbitas do crânio. Os braços e as mãos pareciam finos como papel e Mutti mal podia ficar de pé. Apesar de tudo, continuava viva.

Minha mãe me examinou, maravilhada.

— Querida, você continua forte! — sussurrou. — Graças a Deus parece uma maçã com essas bochechas vermelhas adoráveis.

Mas, quando abriu o sobretudo para ver melhor, percebeu que também não restava muita coisa de mim.

Sentamos na ponta da cama do nível inferior e ela contou como Minni a estava protegendo ao mantê-la no hospital. Minha mãe tinha uma febre constante e nenhuma força para o trabalho. Passava a maior parte do tempo deitada. Contei todas as novidades; onde trabalhava, que vira Pappy novamente e que ele me contara que Heinz estava vivo. Era maravilhoso saber que a família se achava intacta nessas circunstâncias. Quando Minni voltou para me buscar, nossos ânimos e fé em Deus haviam sido restaurados.

O médico olhou para os meus pés e diagnosticou geladura em estado avançado. Disse que eu deveria ser hospitalizada para tratamento.

— Mas você terá de esperar sua vez.

Na saída, Minni colocou os braços nos meus ombros.

— Prometo fazer tudo para colocá-la aqui. Não vai demorar. Então você estará em segurança comigo.

O tempo era um fator importante. Dezembro chegara, e com ele as piores nevascas e temperaturas do ano. Finalmente, os russos tinham posto os pés na Polônia e avançavam. A cada dia, os sons dos canhões ficavam um pouco mais próximos e, entre as nevascas, aviões alemães e russos sobrevoavam a todo instante. A atmosfera no campo tornara-se bastante instável, e o moral da administração se deteriorava. Os guardas estavam nervosos e o comportamento em relação a nós vacilava entre a afabilidade e a fúria.

Começaram a circular entre os prisioneiros boatos de que os alemães haviam tentado esconder as evidências dos campos de extermínio destruindo os crematórios. Foi um tremendo alívio, embora mal ousássemos acreditar que fosse verdade. De todo modo, não nos iludimos. Sabíamos que ainda nos encontrávamos à mercê dos nazistas, e havia muitas outras maneiras com as quais eles podiam nos matar.

A fome fazia vítimas todos os dias. Mulheres, exaustas em corpo e espírito, trabalhavam por todo o seu dia final, iam dormir e jamais acordavam. Essa estava se tornando a forma mais comum de morte.

Ansiávamos pela libertação, mas o fim da guerra parecia longe demais para nós. Cada novo dia podia trazer a nossa morte. Calor era um conforto esquecido. Não existiam provisões para calor ou roupas extras — exceto aquelas que se pegava das mortas — e não havia comida para nos aquecer. Até mesmo a sopa já estava tépida na hora em que era distribuída. Tentávamos aguentar, mas não ousávamos ter esperança. Tínhamos medo de que, se os russos chegassem perto demais e os alemães dispusessem de tempo suficiente antes de recuar, eles nos trancariam nos barracões e nos queimariam vivas.

Enquanto isso, os alemães começaram uma lenta evacuação do campo. A cada poucos dias, homens e mulheres das SS andavam ao redor dos barracões com kappos, pegando pessoas para serem evacuadas para outros campos. Não sabíamos se era uma coisa boa ou má deixar Birkenau. Algumas mulheres tentaram se mostrar fortes e cheias de ânimo, a fim de serem escolhidas. Outras tentaram parecer pequenas e insignificantes, para não serem notadas. Agora que sabia que Mutti esperava por mim para juntar-me a ela no hospital, a última coisa que queria era ser escolhida e transferida.

A redução dos nossos números começou a ficar evidente. Dia sim dia não, outras trinta ou quarenta mulheres eram tiradas do nosso barracão para serem transportadas de volta ao coração da Alemanha. A seleção ficava cada vez mais restrita. Eu mantinha a cabeça abaixada, trabalhando e rezando, sempre que as SS chegavam.

Até que um dia eles pararam atrás de mim.

— Vamos ficar com esta — disse um oficial das SS.

— Esta é uma criança protegida — advertiu a kappo. — Pode ser mais sensato deixá-la em paz.

— Bem, então deixe-a — ele rosnou. — Levaremos a do lado, então. — Apontou para Franzi.

Ela foi rudemente puxada pela kappo e ouviu a ordem para sair.

Franzi levantou os ombros e inclinou-se para me dar um beijo de despedida. Eu a abracei com força. Ela fora uma companhia constante e uma amiga querida. Fiquei olhando impotente Franzi se juntar ao grupo para ser transportada para um destino desconhecido. Tínhamos sido reunidas por um cruel destino e não havia como saber se algum dia nos veríamos de novo. Senti uma enorme gratidão por tê-la conhecido. Ela me inspirou conforto e coragem quando estive no fundo do poço, e agora partira em meu lugar. Eu precisava ficar por causa de Mutti.

Nesse momento, sentada sozinha no banco com o lugar ao lado vazio, sabia que as orações de Pappy haviam sido mais uma vez respondidas, e senti a mão de Deus verdadeiramente me protegendo.

16 de dezembro de 1944 — Contraofensiva alemã, Batalha do Bolsão

Na terceira semana de dezembro, na *Appel*, várias mulheres foram chamadas por seus números para ficarem de um lado. Ninguém sabia para o que seria. Cada vez que éramos separadas do grupo principal, esperávamos que algo pavoroso nos acontecesse, o sofrimento de alguma punição insuportável por algum erro menor. O último número chamado foi o meu.

Fui para a frente e fiquei na linha com outras nove, observando, apreensiva enquanto as demais iam para o trabalho. Então, para minha alegria, fomos conduzidas para o centro hospitalar.

Sabia que era crucial contatar Minni assim que possível, para que ela pudesse usar sua influência e me reunir com Mutti. Ao chegarmos, ficamos de pé num corredor, esperando pela vaga em alguma cama em que uma das ocupantes houvesse morrido. Não tivemos permissão para sair do lugar e esperamos por horas, sentadas no chão. As ajudantes andavam livres, e finalmente juntei suficiente coragem para pedir a uma se ela podia encontrar minha prima, Minni.

— Minni? — exclamou. — Que mulher maravilhosa! Ela era minha amiga em Praga e aqui também. Vou buscá-la para você.

Minni esperava por mim havia dias, mas estivera ocupada demais naquela manhã para checar a lista de entradas. Ela, então, me conduziu à seção da minha mãe, onde providenciou para que Mutti fosse colocada numa cama vazia, e ali me juntei a ela. Enfim estávamos juntas de novo.

Ficamos deitadas durante dias trocando carinhos. Com os sons de intermitentes canhões e sirenes antiaéreas como pano de fundo, conversávamos em sussurros dia e noite sobre tudo o que nos acontecera nos meses em que estivéramos separadas, os quais pareciam anos de tortura. Ao conversarmos, ficou claro que Minni, com a ajuda de Deus, salvara nossas vidas.

15

Libertação

Mutti e eu deitadas na cama do hospital ouvíamos os sons dos canhões. Às vezes, os tiros pareciam muito próximos, aí se afastavam de novo e sumiam. Os dias se transformavam em noites sem nenhuma alteração na nossa condição. Fragmentos de informação não mais chegavam ao hospital porque todos os barracões de trabalho haviam sido evacuados. Todas as pessoas "aptas" tinham sido forçadas a marchar para fora do campo na direção oeste. Nada mais de novas entradas ou altas, as únicas saídas eram as das mortas. Muitas morriam todos os dias de fome, doenças e hipotermia.

Sentimos que os russos avançavam. Esperamos por eles, oscilando entre a esperança e o desespero. Rezamos para que chegassem, mas não sabíamos nada a respeito do avanço. Ninguém parecia saber o que se passava. De qualquer modo, tínhamos bastante medo de sermos eliminadas antes que chegassem. Não conseguíamos acreditar que os alemães simplesmente fossem nos deixar para sermos libertadas pelos russos.

Agora, havia menos alemães ao redor e éramos deixadas sozinhas com frequência crescente. Não havia mais *Appel*. Era época do Natal, mas mal nos dávamos conta. Mutti e eu ficávamos deitadas juntas no treliche, aconchegadas debaixo de cobertores esfarrapados. Ninguém realmente pensava que havia uma chance de sobrevivência.

O espírito indômito de Minni era a única coisa da qual tínhamos certeza. Ela era inacreditável. Mantinha todas unidas com grande força, mostrando incansável entusiasmo enquanto organizava as rações de pão e chá e distribuía os poucos remédios disponíveis. Passava os dias movendo-se sem parar, indo para cima e para baixo da ala, coordenando as outras três enfermeiras em suas tarefas de cuidar das agonizantes e de retirar as mortas. Cada vez que passava por nós, dava um tapa firme no nosso treliche e repetia: "Nós vamos conseguir."

Nós estavamos apavoradas com nosso destino, mas a coragem entusiasmada de Minni nos impediu de desistir.

Na cama, Mutti e eu fantasiávamos sobre o que faríamos quando estivéssemos novamente livres. Falávamos sobre banhos quentes com sabonete, dormir em lençóis limpos, comer com garfo e faca — todos os prazeres civilizados a que mal prestávamos atenção e que nos eram negados pelo que parecia uma eternidade.

Nossos pensamentos giravam sempre em torno de comida. Inventávamos gloriosos menus com todos os nossos pratos preferidos. Como iríamos nos empanturrar! Imaginávamos comer batatas cozidas, passar manteiga em pão fresco e trincar os dentes em maçãs crocantes. Fingíamos estar num restaurante de Amsterdã. Antes de mais nada, escolhíamos a sopa, então o prato principal (eu preferia frango assado com arroz e couve-flor), e então ficávamos deitadas sonhando com sobremesas deliciosas — panquecas com geleia ou creme, pudim de chocolate, torta de maçã. Minha refeição terminava sempre com um copo de leite, pelo qual eu tinha um terrível desejo. E, o tempo inteiro, nossos estômagos doíam de fome.

No começo de janeiro, as SS apareceram na porta do barracão e gritaram:

—Todas que conseguirem se levantar e andar venham para fora.

Minni correu para nós parecendo bastante agitada.

— Levantem-se — disse com firmeza. — Vocês têm de vir.

— Mas Mutti está fraca demais — respondi.

— Ela terá de se esforçar — disse Minni, de maneira inflexível e reiterando que quem pudesse sair da cama e se levantar devia obedecer e sair.

A condição emaciada de Mutti a deixou num estado desesperadamente enfraquecido, mas ela estava determinada a não sair do meu lado.

— É claro que posso me levantar — ela sussurrou. Tinha medo de que fôssemos ser mortas se não saíssemos. Somente a sua força de vontade dava-lhe força suficiente para erguer-se.

Assim que minha mãe conseguiu pôr-se de pé, eu a embrulhei num cobertor puído. Meio arrastando-me e meio carregando-a, atravessamos a porta. Era a primeira vez que ela saía em meses e estava quase desmaiando pelo esforço. Mutti estava muito frágil, mas bastante determinada a que nos mantivéssemos juntas. Ela se apoiou em mim ao nos posicionarmos na última fileira.

Eram cerca de 11 horas da manhã e fazia muito frio. A temperatura estava bem abaixo de zero. O ar gelado nos atingiu com tudo, congelando a umidade dos corpos e endurecendo tanto os músculos das faces que eles pararam de funcionar. Cerca de metade das mulheres do hospital conseguiu se arrastar para fora.

A cena me deixou sem fôlego. O céu estava azul e límpido, sem nenhuma nuvem. Ainda havia neve no chão. Todo o complexo estava transformado, as cabanas e trilhas sujas cobertas por um branco imaculado. A terra parecia a Sibéria. A feiura nua do campo fora atenuada e virara, num passe de mágica, uma terra de conto de fadas invernal.

Esperamos, em fileiras organizadas, por novas instruções, mas nada aconteceu. As SS sumiram, deixando as kappos desoladas por ali, sem saber o que fazer. Podíamos ouvir canhões a distância. Ficamos lá por duas horas, tremendo dentro dos cobertores.

De repente, soou uma sirene de ataque aéreo, e agitados homens das SS ressurgiram, gritando para entrarmos de novo.

Ao anoitecer, veio nova ordem para sairmos. Permanecemos ali enquanto o sol se punha e ficava mais escuro e frio. Houve outra sirene e, assim, todas retornamos para os treliches frios, congeladas, tremendo e bastante gratas por recebermos nossa minúscula porção de pão. Todos estavam bastante nervosos e assustados — incluindo os alemães.

Apesar de permanecermos recolhidas durante a noite, simplesmente não conseguimos nos aquecer de novo. O frio invadira nossos corpos frágeis e, durante aquelas horas, um bom número de pessoas morreu. Pela manhã, deitada, fiquei observando as mortas sendo retiradas dos leitos e arrastadas para a neve pelas enfermeiras.

Vi Minni carregando várias de suas amigas nos braços. Seu rosto estava exausto e vazio. Ela veio até Mutti uma ou duas vezes e tocou sua cabeça, implorando “Aguente firme”.

Essa pressão prosseguiu por três dias. Às vezes, éramos chamadas para fora à noite, para ficarmos de pé durante horas no frio terrível. A cada vez, quando vinha a ordem para sair, mais e mais gente ficava dentro e não tentava obedecer o comando. Na noite do terceiro dia, eu também decidi que já era o bastante. Não iria ver Mutti ser sujeitada a mais sofrimento.

— De qualquer forma, será outro alarme falso — garanti-lhe.

Assim, quando veio a ordem para nos levantarmos e sairmos, permanecemos no treliche e caímos no sono.

Quando acordamos na manhã seguinte, tudo estava calmo e silencioso. Não havia atividade, e o barracão parecia quase vazio. Levantei e saí para investigar. Era uma sensação curiosa; não tinha ninguém à vista. Todos os guardas e cães das SS tinham sumido. Todas as kappos desapareceram, e a maioria das pacientes do hospital também partira. Até mesmo Minni e as enfermeiras não estavam lá.

Aquele era mais um dia claro e bastante frio. Os cadáveres das prisioneiras jaziam ao lado do barracão, jogados uns em cima dos outros. Em todo o campo, que tinha abrigado dezenas de milhares, havia agora apenas cem ou duzentas almas. Dessas, 80% estavam fracas demais para se mover e permaneciam deitadas, à espera da morte. O resto de nós, um pequeno contingente de pele e ossos ainda vivos, resistia com crescente esperança.

Sabíamos que teríamos de tentar sobreviver sozinhas até os russos chegarem, e isso poderia levar vários dias ou até mesmo semanas. Assim, tentamos nos organizar.

Uma polonesa, Olga, que não era judia, mas fora detida como uma comunista prisioneira política, assumiu o comando. Olga decidiu que ela e eu, com mais uma ou duas presas em melhores condições físicas, deveríamos ir ao barracão da cozinha ver se havia alguma comida disponível. Também precisávamos encontrar água potável, já que todos os canos estavam congelados.

Sob nossos cobertores, cambaleamos sobre a neve até o barracão da cozinha. Empurramos as portas, esperando encontrá-las trancadas, mas, para nossa surpresa, elas se abriram imediatamente. O que vimos ao entrar nos fez chorar de alegria. Ali, empilhados nas prateleiras que cobriam as paredes, havia centenas de pães pretos — muito mais do que conseguiríamos comer em um ano. Foi como encontrar um tesouro. Cada uma de nós pegou um pão e encheu a boca com pedaços. Fartamo-nos com essa provisão infindável e, então, enchemos os braços com o maior número possível de pães e retornamos ao barracão.

Durante a caminhada de cinco minutos, experimentei uma euforia esplêndida. Estava excitadíssima e mal podia esperar para distribuir a comida — ser capaz de devolver a força a todas ali. Circulando pelos treliches, eu ia tirando bocados enormes de pão, colocando-os nas mãos esqueléticas das presas acamadas e repetindo para mim mesma "*obrigada, Deus*" sem parar. Algumas estavam doentes demais para comer muito, mas mantinham as preciosas porções firmemente agarradas aos corpos. Os pães mal deram para todas, mas estávamos fracas demais para voltar e pegar mais.

A essa altura, eu me sentia profundamente exausta e bastante confusa. E se os alemães voltassem à noite e nos pegassem? E se os russos não chegassem a tempo de nos salvar? Estava assustadíssima porque nos encontrávamos completamente sozinhas. Comecei a me dar conta de que, no final, poderíamos não sobreviver tão só porque não tínhamos condições de cuidar de nós mesmas. Havia muito poucas mulheres com forças até mesmo para andar.

Ao meio-dia, Mutti e eu comemos mais pão. Deitei na cama para recuperar um pouco de energia, fechei os olhos com alívio e embarquei num sono tenso. Voltei à realidade com Olga sacudindo-me vigorosamente.

— Levante-se e desça! — ela ordenou. — Preciso de você.

— Agora não — protestei. — Por favor, deixe-me descansar. Estou cansada.

— Preciso de você para carregar alguns cadáveres — ela disse com firmeza.

Foi como se uma imensa nuvem negra descesse sobre mim.

— Não! Não! — gritei, em pânico.

Olga me agarrou e me tirou da cama. Ela me segurou pelos ombros e me virou para encará-la.

— Você é jovem e ainda é forte o bastante. — Encarava-me com firmeza. — Não há mais ninguém. É o seu dever. Se você pode carregar pão, pode carregar os cadáveres para fora.

No meio do meu pânico e medo, ouvi Mutti sussurrar:

— Deixe-a, ela é muito jovem. Eu vou.

Subitamente, dei-me conta. Eu sabia que Mutti não tinha força alguma. Foi nesse momento que cresci — era hora de eu cuidar de minha mãe.

Foi a pior tarefa que tive de realizar em toda a minha vida. Levei as mortas para fora. Algumas eram amigas com quem eu conversara sobre a libertação. Muitas tinham sido de tal forma tomadas pelas doenças e o mau cheiro que precisei de toda a minha coragem para tocá-las. Estava escuro agora, e a lua brilhava sobre os outros corpos, que me encaravam de olhos abertos dos montes de carne e ossos mortos. Faces que eu passara a conhecer e respeitar. Olhei para bocas, agora abertas, que tinham me dado sábios conselhos e encorajamento; olhos que haviam me fitado amorosamente, na lembrança de suas próprias crianças mortas.

Eu bem que tentei ser uma substituta de seus entes amados e retribuir um pouquinho daquele amor. Havia muito pouco que podíamos dar umas às outras, exceto amor.

Foi a primeira vez que estive tão envolvida com mortos, e fiquei horrorizada de ver o desperdício de seres humanos sendo abatidos no auge de suas vidas. Nenhuma delas tinha mais de 40 anos, muitas eram ainda mais jovens — mulheres que haviam conseguido manter esperança suficiente para sobreviver quase até o fim.

Vi mais gente morrer nos dias seguintes do que em todo o período em Birkenau.

O som dos tiros de canhão se intensificava a distância, aproximando-se cada vez mais. Na manhã seguinte, voltei com uma equipe à cozinha para uma inspeção mais rigorosa. Estávamos começando a nos sentir um pouco mais ousadas agora, e eu passei a me mover com mais liberdade pelo campo.

Vi um buraco na cerca de arame entre seções do campo.

— Vou passar — disse, assumindo que a corrente elétrica tinha sido cortada.

Felizmente, eu estava certa, e logo duas outras me seguiram. Tudo estava bastante deserto no outro lado, mas lá encontramos os barracões em que todas as provisões haviam sido armazenadas.

Foi como a reconstituição de uma história dos irmãos Grimm. O primeiro barracão se achava cheio de roupas, com todas as peças de vestuário que se possa imaginar, de botas a boinas. O segundo tinha cobertores e edredons, tudo perfeitamente arrumado nas prateleiras, como em uma lavanderia suíça. O terceiro barracão continha os alimentos.

Quando entramos, pudemos ver caixas de queijos embalados, potes de geleia, sacos de farinha, pilhas de batatas — comi-

Eu no colo de
Mutti e meu irmão, Heinz,
em Viena, em 1930

Pappy com vinte anos

A casa em Viena onde
vivemos até 1935

Pappy e Mutti pouco após se
conhecerem, em 1920.
Meu pai está com 18 anos
e minha mãe, com 15

Heinz, Mutti e eu com roupas tirolesas, no Tirol, em 1935

Com Heinz e Mutti, num lago austríaco, em 1933

Na praia na Bélgica, em 1939: (esquerda) Pappy e Mutti; (direita) Heinz, Mutti e eu; (abaixo) eu, Heinz e uma amiga refugiada

Jacky e eu em Bruxelas, vestidos como príncipe e princesa

Em Bruxelas, em 1939: Kitty (outra amiga refugiada), Heinz, Jacky e eu

No jardim da pensão em Bruxelas: (esquerda) sozinha; (direita) com Heinz

Heinz e eu em Bruxelas

Heinz tocando violão em frente ao nosso apartamento, em 1941

Uma foto minha tirada na escola, em 1940

A Merwedeplein, em Amsterdã. Vivíamos no lado esquerdo, os Franks viviam no direito

Heinz, Mutti e eu em Amsterdã, no verão de 1940

Na minha bicicleta, na Merwedeplein, com a amiga Jenny, em 1941

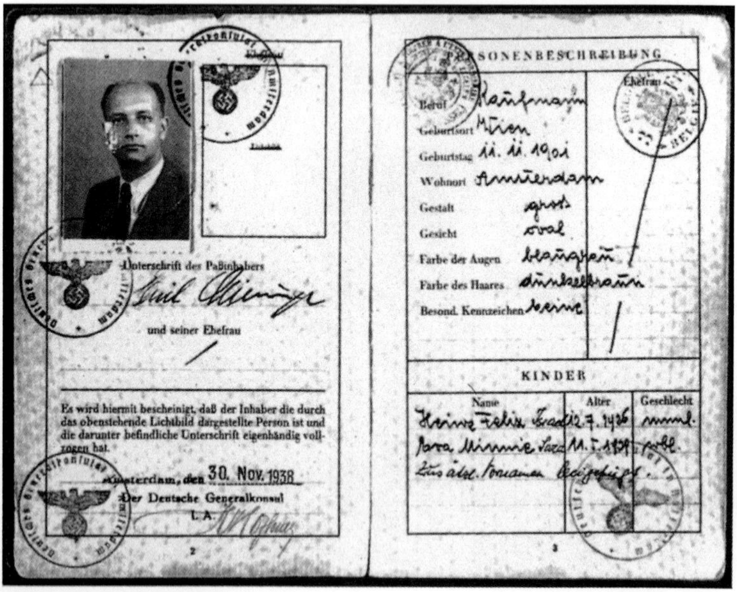

O passaporte de Pappy. Em 1940, o passaporte do meu pai teve que ser trocado por um alemão. Homens judeus tiveram o nome "Israel" acrescentado a seus nomes e as judias, o nome "Sara"

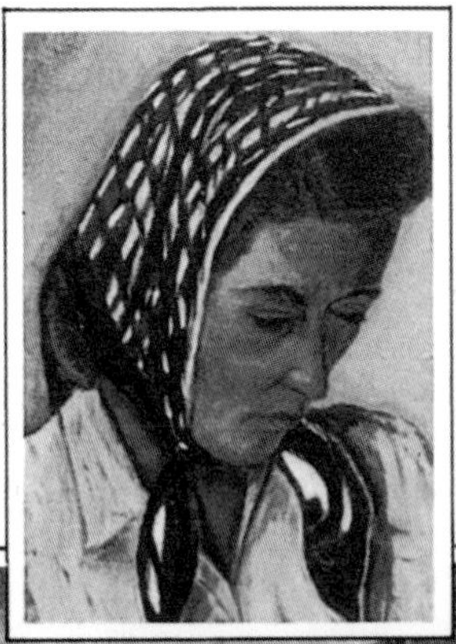

Um retrato de Mutti pintado por Pappy enquanto estava na clandestinidade

Uma das muitas pinturas feitas na clandestinidade por Heinz. Ela mostra o próprio Heinz estudando num quarto imaginário. Pappy escondeu todas as pinturas embaixo do assoalho do quarto deles e, após a guerra, Mutti e eu conseguimos recuperá-las

Uma natureza-morta que eu pintei sob orientação da Sra. Reitsma, em 1948

A amiga Franzi (com a mala na mão), que conheci numa prisão holandesa e que foi minha companheira em Birkenau. Essa foto dela foi tirada em 1942, com o irmão (esquerda) e a irmã (direita), ambos mortos nos campos, um amigo (direita) – Herman Pos, que mais tarde se tornaria um renomado violinista – e duas sobrinhas que sobreviveram à guerra na clandestinidade

Com a Sra. De Bruin, numa visita a Pappy e Heinz, em 1943

A linha do trem para Birkenau

Na rampa: (esquerda) ao chegar, homens e mulheres eram separados e, então, divididos em duas colunas (direita), uma destinada ao campo e a outra às câmaras de gás

Vista aérea de uma parte do campo

Dentro de um barracão em Birkenau

Uma pilha de óculos no campo de triagem conhecido como “Canadá”, onde eu trabalhei no verão de 1944

A cerca eletrificada em Auschwitz

Um dos portões do principal campo de Auschwitz

A mochila costurada por Mutti para carregar nossos pertences no regresso da Rússia para Amsterdã

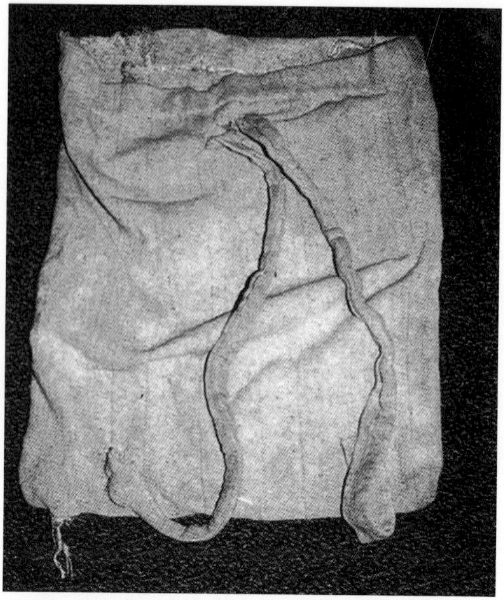

A camisa militar russa dada a nós em Odessa pelo Exército Vermelho

Esta sou eu provando-a em 1988

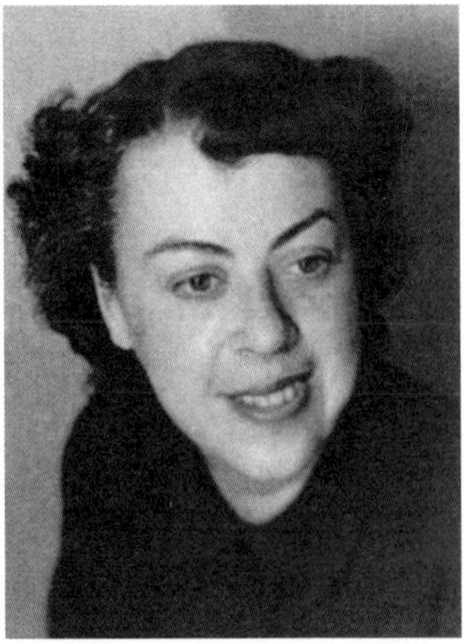

Franzi após a guerra, em 1950

Minni – eu tirei esta foto quando ela nos visitou na Holanda, em 1950

No Prinsengracht, em 1950, durante o intervalo para almoço enquanto eu trabalhava num estúdio fotográfico nas proximidades

Meu casamento, em Amsterdã, em 1952: (esquerda para direita) Mutti, Otto Frank, eu, meu marido Zvi, a mãe de Zvi e minha avó, Helen

Com Zvi, na nossa primeira casa, em Cricklewood, noroeste de Londres, em 1954

Em 1962, na varanda da casa dos Franks em Basle, onde Mutti viveu – Mutti, vovó e eu com minhas três filhas, a bebê Sylvia, Jacky (centro) e Caroline

O casamento de Mutti e Otto, em Amsterdã, em 1953

Mutti e Otto, em 1961

Na praia na Cornualha: Caroline, Jacky, Otto, Mutti e Sylvia

Mutti e Minni (esquerda), em Israel, em 1970

O memorial para membros da Congregação Judaica Liberal de Amsterdã que foram vítimas do Holocausto. O memorial fica no cemitério judaico, fora da cidade. Os nomes estão inscritos em ambos os lados

Um detalhe do memorial, mostrando os nomes de Pappy e Heinz e da família Frank

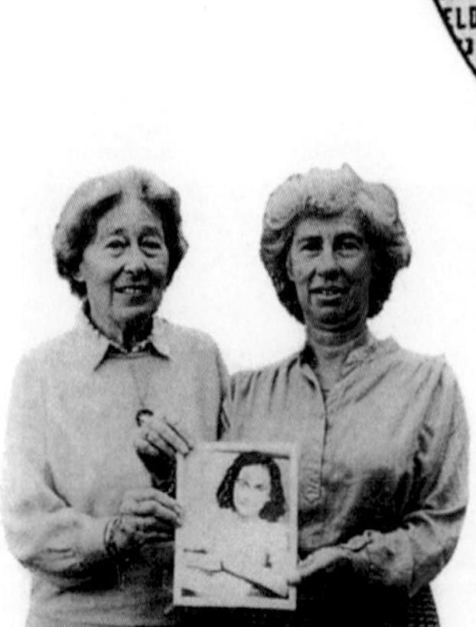

Mutti e eu, em 1986, segurando uma foto de Anne Frank

da que ia além dos nossos sonhos mais fantasiosos. Esqueletos famélicos, agarramos o que era mais fácil de pôr as mãos, sentamos ali mesmo e comemos.

Por fim, retornamos ao segundo barracão e apanhamos cobertores grandes para usar como sacos. Como Papai Noel, enchemos os cobertores com toda a comida que conseguimos. Amarramos as quatro pontas e os jogamos nas costas. Excitada, pus-me ao encontro de Mutti com o maior dos tesouros e, ao sairmos para levar o saque, começou a nevar novamente, com flocos brancos e macios caindo sobre nossas cabeças.

Subitamente me ocorreu que poderíamos voltar ao barracão das roupas em busca de vestimentas mais quentes. Encontrei um esplêndido par de botas militares de couro negro, polidas e limpas, e as calcei nos meus pobres pés inchados. Eram grandes botas masculinas, com espaço de sobra, os meus primeiros calçados sem furos. Enfim uma proteção contra o frio terrível. Sentindo-me muito elegante, atravessei a neve, ansiosa em exibir as botas a Mutti. Não experimentei nenhuma dor nos dedos.

Nos dias que se seguiram, retornamos repetidas vezes para buscar tudo o que precisávamos, incluindo todos os tipos de ferramentas — machadinhas, serras, enxadas e facas. Distribuíamos comida e roupas às acamadas.

Mutti conseguiu me acompanhar no dia seguinte. Ela estava ansiosa em compartilhar a minha empolgação, embora ainda continuasse bastante fraca. Ela se apoiou no meu braço, e avançamos lentamente sobre a grossa camada de neve que caíra durante a noite. Mutti ficou impressionada com o tamanho do estoque. Puxou algumas roupas e encontrou um vestido de lã azul-marinho com gola rulê. Aí, escolheu meias de lã cinza e um par de resistentes sapatos pretos de amarrar, que se ajustaram perfeitamente aos seus pés. Parada ali, por fim com roupas quentes cobrindo o corpo emagrecido e com os cabelos crescendo outra vez, ela perguntou:

— Eu estou bem?

— Mutti, você está maravilhosa — respondi, e começamos a chorar.

A melhor descoberta de todas foram dois edredons de penas macios e quentes. Eram razoavelmente volumosos, mas leves o suficiente para serem carregados. Embalamos nossos corpos e, a partir daí, não nos separamos mais deles!

17 de janeiro — Varsóvia é liberada

A água continuava congelada em todas as partes. Inicialmente, nós degelávamos a neve. Enchíamos canecas e tigelas, mas a quantidade era pequena para nossas necessidades. Na entrada do campo, havia um pequeno reservatório, na verdade, estava mais para um lago, que se encontrava coberto com gelo e neve. Olga sugeriu que alguém tentasse furar o gelo para tirar um pouco de água.

Eu me ofereci para tentar. Assim, com as minhas botas resistentes, marchei com Olga até o lago, nós duas armadas com machados e baldes. Estávamos determinadas a conseguir. Gastando uma boa parte de nossas energias limitadas, com muito suor conseguimos quebrar o gelo frágil em grandes blocos. Foi uma enorme e árdua tarefa, já que o gelo tinha mais de 30 centímetros de espessura. Finalmente, sem o gelo, vimo-nos olhando para a água limpa embaixo. Gritamos de alegria. O buraco era grande o bastante para colocarmos os baldes e, sentindo-nos como esquimós, pegamos o líquido precioso e retornamos ao barracão.

Enfrentamos alguns dias assim, assaltando os armazéns em busca de comida e quebrando diariamente o gelo para conseguir água. Mas ainda não havia um lugar em que de fato pudéssemos nos manter aquecidas. Não existia um espaço no barracão em que fosse possível acender um fogo, fazer comida ou esquentar água. Olga e Mutti conversaram e decidiram tentar encontrar um local fora do campo para melhorarmos nossas condições de vida.

A essa altura, quem podia cuidar de si mesma já o fazia, e as mortas não precisavam de nós.

Eu havia notado uma casa vazia perto dos muros do campo, onde os guardas das SS ficavam alojados. Não era uma casa pré-fabricada e achamos que tinha de haver aquecimento. Decidimos ir investigar. Yvette, uma jovem francesa, ouviu a conversa e perguntou se poderia ir junto. Como ainda nos sentíamos muito inseguras, concordamos, já que quatro era melhor que três. No momento em que nos reuníamos para sair, ouvimos alguém gritando do lado de fora. A porta do barracão foi aberta com violência e uma mulher gritou:

— Tem um urso no portão! Um urso no portão! Venham rápido!

Cautelosamente, saímos na direção do portão aberto e lá, na entrada, estava o "urso" — um imenso ser, coberto da cabeça aos pés com pele de urso, com uma expressão de profunda surpresa no rosto. Ficamos parados, trocando olhares, e, então, com todo o cuidado me aproximei com alegria evidente.

Nosso libertador estava parado na entrada do campo, sozinho e forte. Com os braços estendidos, corri e o abracei... e, embora nossos idiomas não fossem os mesmos, o que eu disse e o que ele disse foi perfeitamente compreendido. Os russos haviam chegado!

PARTE III

Jornada pela Rússia

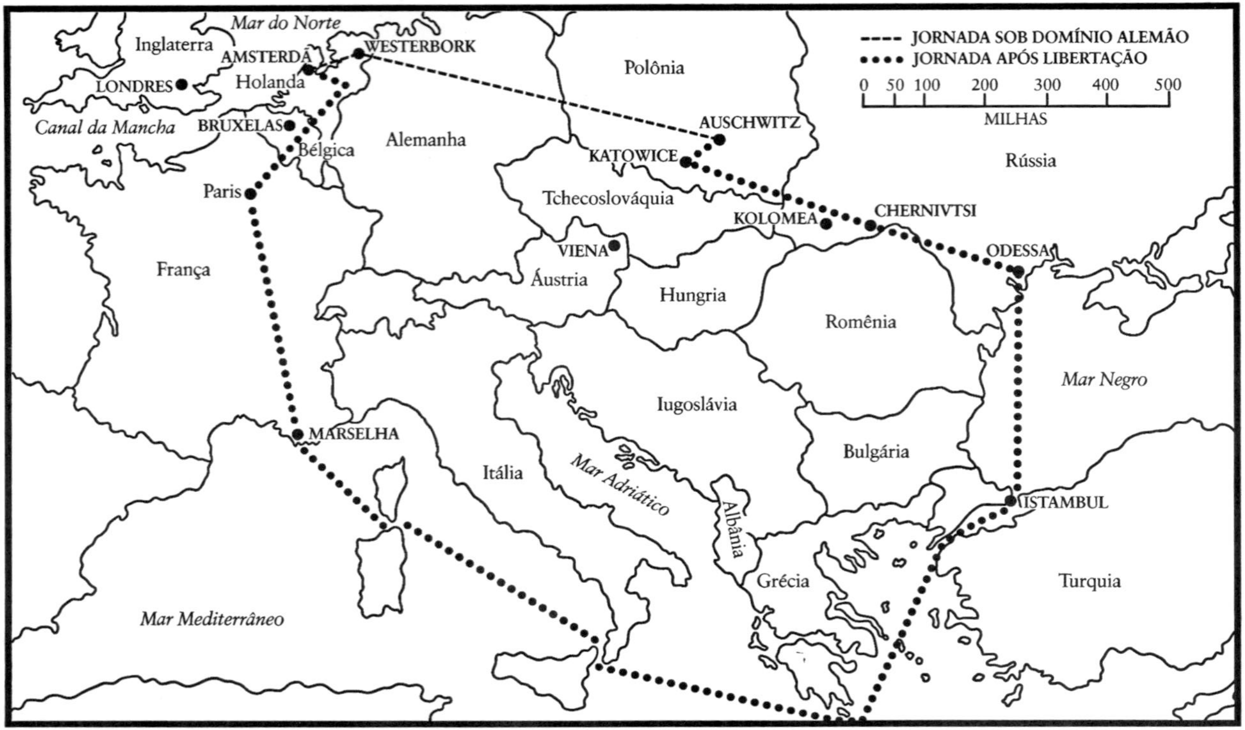
JORNADA SOB DOMÍNIO ALEMÃO
JORNADA APÓS LIBERTAÇÃO
0 50 100 200 300 400 500
MILHAS
Mar do Norte
Inglaterra
LONDRES
Canal da Mancha
AMSTERDÃ
Holanda
WESTERBORK
BRUXELAS
Bélgica
Paris
França
Alemanha
Polônia
AUSCHWITZ
KATOWICE
Tchecoslováquia
KOLOMEA
CHERNIVTSI
Rússia
ODESSA
VIENA
Áustria
Hungria
Romênia
Mar Negro
Iugoslávia
Bulgária
MARSELHA
Itália
Mar Adriático
Albânia
ISTAMBUL
Grécia
Turquia
Mar Mediterrâneo

16

Os russos

27 de janeiro de 1945

Nesse dia, nossos libertadores entraram no campo em pequenos grupos: fortes soldados russos a cavalo puxando armamentos e provisões para o avanço. Eles tinham pouco tempo para se preocupar com o bem-estar dos prisioneiros que restavam. Ficamos ao seu redor, observando cada movimento, mas a barreira da língua entre nós era grande demais para qualquer real comunicação. Sentimos que estavam ansiosos para perseguir os alemães em retirada. Eles ficaram apenas o suficiente para montar a cozinha de campo dentro do complexo. Em pouco tempo, circulou o delicioso aroma de sopa quente de batata e repolho, borbulhando no caldeirão, e ficamos animadas quando gesticularam para nos aproximarmos e entregaram tigelas fumegantes. Pude sentir o calor penetrando no meu corpo.

Com a chegada dos russos, nosso pequeno grupo achou estar seguro o suficiente para se mudar para os alojamentos que tinham abrigado as SS. No fim da tarde, nós quatro atravessamos os portões do campo. Era uma sensação assustadora. Não havia guardas para nos deter, nem cães latindo, apenas os sons de cavalos relinchando e o vento soprando.

Chegamos à cabana e tentamos abrir a porta. Surpreendentemente, não estava trancada e, apreensivas, entramos nas instalações de *Herr Obersturmführer*. Inspecionamos os dois principais aposentos. Exalavam limpeza e exibiam o asseio da civilização. Queríamos ficar juntas, por segurança e companhia, e, assim, optamos pelo quarto com dois beliches, ambos com camas arrumadas e limpas.

Mais importante, havia um fogão preto de ferro no centro do dormitório, com um suprimento de lenha empilhado num canto. Mal conseguíamos esperar para que estivesse aceso. Colocamos a madeira, acendemos e ficamos ao redor observando as chamas crescerem. Então, sentadas no chão da nossa primeira acomodação confortável, desfrutamos da maravilhosa sensação de finalmente nos sentirmos aquecidas de novo.

Estávamos com bastante sono a essa altura, mentalmente exaustas com a tensão e excitação do dia e desejando mais uma vez deitar em lençóis limpos. O quarto reluzia com o calor e, pela primeira vez em muitos meses, ficamos só com as roupas íntimas e deitamos nas camas. Olga escolheu uma cama de baixo, e Yvette ficou com a de cima. Mutti se pôs sob os lençóis da outra cama inferior com um olhar de êxtase no rosto. Joguei o meu edredom na cama de cima, subi e me aninhei na sua acolhedora maciez. Mas demorei muito para cair no sono. Fiquei observando as sombras dançando nas paredes brancas, convencendo-me do que eu mal acreditara ser possível. Nós conseguíramos. Havíamos sobrevivido.

Acordamos cedo. Lá fora, o ar estava absolutamente parado e fazia um silêncio total. Quando olhei pela janela, vi que nevara durante a noite.

Os canos na cabana haviam congelado e não tínhamos comida, então delegamos a Olga e Yvette a tarefa de furar o gelo no lago para conseguir água, enquanto Mutti e eu íamos aos armazéns. Dessa vez, descobrimos mais salas subterrâneas, lotadas com provisões. Enchemos dois sacos com batatas, cenouras, cebolas e cevada, até quase não podermos erguê-los, e os arrastamos de volta pela neve.

Olga já tinha água fervendo numa panela e logo preparou uma encorpada sopa de legumes. Quando ficou pronta, nós a engolimos como lobos famintos. Eu não conseguia parar de comer e queria mais — e, então, ainda mais —, mas Mutti me advertiu para não comer tanto. Tinha certeza de que ia me fazer mal se não parasse. Mutti estava certa, é claro. Arrependi-me mais tarde, porque meu corpo estava desacostumado a digerir comida e acabei dobrando-me de cólicas estomacais e diarreia. Meu abdômen ficou terrivelmente inchado e eu gemi de dor. Implorei a Mutti para fazer algo que acabasse com a minha agonia.

— Faça um furo no meu estômago para tirar o ar — supliquei.

Porém, não havia muito que ela pudesse fazer, exceto me amparar até o balde sanitário, onde passei a maior parte da noite.

Depois dessa experiência, fiquei muito mais cuidadosa com a quantidade de comida que ingeria. Por segurança, nos revezávamos para ir aos armazéns buscar quaisquer provisões necessárias, com frequência ouvindo o barulho de tiros de canhões a distância e o som de aviões russos no ar.

Ainda fazia um frio intenso, com a água congelando nos canos e no lago. Dividimos entre nós a tarefa extenuante de conseguir água. Quando era minha vez e de Mutti, íamos com uma picareta. A fumaça cinza da respiração congelava nos cachecóis, ao arfarmos devido ao esforço para quebrar o gelo, apesar de ser uma camada mais fina, formada durante a noite sobre o antigo buraco. Gastávamos uma boa meia hora a cada vez. Ainda nos encontrávamos fracas e, quando enfim conseguíamos a água, estávamos exaustas e congeladas. Só tínhamos um balde e, assim, precisávamos voltar lá várias vezes por dia.

Olga era a mais forte de nós, enfrentando todas as tarefas com determinação. Era cheia de entusiasmo e energia. Sendo polonesa, estava certa de que logo voltaria para casa e a família. Yvette, no entanto, era bastante letárgica e deprimida. Suspeitava que nenhum dos familiares tivesse sobrevivido. Assustada com o que o futuro pudesse revelar, ficava horas deitada na cama de cima do beliche, muitas vezes chorando baixinho.

Passamos três dias nessa relativa segurança e conforto quando, perto do anoitecer, após decidirmos ir para a cama cedo, ouvimos uma agitação do lado de fora e a porta foi de súbito aberta com um pontapé. Sentamos nas camas, agarrando as cobertas, alarmadas, com todo o nosso frágil senso de segurança imediatamente abalado. Parados na soleira, dois homens fortes vestidos com longos casacos de pele. Seus rostos estavam semiocultos por grandes chapéus de pele, e os olhos brilhavam sob as sobrancelhas cobertas de gelo. Eram mais dois dos nossos ursos russos hipnotizados ao nos ver.

Após o choque inicial, descemos dos beliches e corremos para trazê-los para o calor do quarto. Olga falou em polonês com eles, oferecendo comida e tentando obter informações, mas os dois mal respondiam. Estavam cansadíssimos. Disseram que tudo o que queriam era dormir. Indicamos que eram bem-vindos para usar nossas camas e prontamente rearranjamos os leitos; Olga e Yvette dividiram a cama superior de um beliche, com Mutti e eu na de baixo. Mutti colocou-me contra a parede e, protetora, deitou-se no lado externo. No fundo, estávamos com muito medo desses homens porque havíamos ouvido muitas histórias de russos estuprando mulheres. Mas tivemos um sono pesado durante a noite e, quando acordamos na manhã seguinte, ambos haviam desaparecido.

Só voltamos a ver soldados dois dias depois, quando a principal vanguarda, com dez caminhões e cerca de cem homens, acampou perto da casa. Os russos foram maravilhosos conosco. Sempre dividiam a comida quente, e ficávamos sentados ao redor da fogueira trocando histórias. Ao contrário dos rumores, nunca nos sentimos sexualmente ameaçadas por eles. Sempre foram honestos, decentes e nos trataram com respeito. Sabíamos que, finalmente, estávamos com amigos.

Alguns falavam polonês, alguns alemão, e ouvimos histórias terríveis do que os alemães tinham feito ao seu povo. Havia um rapaz de 13 anos nessa linha avançada cuja vila, incluindo toda a sua família, fora exterminada. Ele se determinara a se vingar. Todos os russos estavam tomados por pensamentos de vingança e não podiam esperar para pôr as mãos nos primeiros alemães que encontrassem. Juraram aterrorizar todas as cidades e vilas alemãs que cruzassem para devolver as atrocidades cometidas contra os seus entes queridos. Fiquei com a impressão de que precisavam aliviar a culpa que sentiam por sobreviver, e isso era uma maneira de justificar o ódio.

A primeira leva ficou perto do nosso campo durante a noite e partiu no dia seguinte. Eles haviam enfrentado combates renhidos durante todo o avanço e estavam fadados a encontrar mais luta dura. Mas eram imensamente otimistas e resilientes, e passei a nutrir grande amor e respeito por esses bravos russos.

Durante os dias seguintes, grupos de russos avançando apareceram de maneira intermitente. Alguns vinham a pé, alguns em transportes motorizados, outros a cavalo. Acampavam por um ou dois dias, compartilhavam conosco comida e informações e, então, seguiam em frente.

Atrás dos soldados sempre vinham meninos tentando ajudar da melhor maneira possível. Mantinham-se ao redor, esperando por tarefas, e eu costumava me cobrir com o edredom e sair para conversar com eles. Alguns falavam um pouco de alemão e, de algum modo, conseguíamos nos comunicar. Estavam tomados por um ódio intenso e insaciável pelos alemães e não paravam de repetir histórias de atrocidades nazistas em suas cidades.

Uma noite, durante uma pausa no avanço, bem quando estávamos para dormir, ouvimos uma tímida batida na porta. Não sabíamos o que poderia ser. Juntamo-nos e abrimos a porta cuidadosamente. Ao olharmos para fora, deparamos com um homem alto, com 40 e poucos anos, vestido com o uniforme listrado de prisioneiro, que perguntou num alemão precário se poderia entrar.

Ele disse que escapara e que estava com fome e frio, e, assim, nós o deixamos entrar. Demos pão e sopa, que ele rapidamente engoliu, agradecendo-nos com polidas palavras em alemão, que nos deram a impressão de que, de algum modo, não era autêntico. Parecia saudável demais para ter sofrido uma longa privação. Ficamos bastante desconfiadas, embora ele estivesse claramente aterrorizado.

Sua história era a de que, quando as SS ordenaram que todos os prisioneiros abandonassem o campo, ele se escondera e conseguira escapar da marcha forçada. Implorou que lhe permitíssemos ficar por algum tempo, mas todas fomos inflexíveis na negativa. O homem não parava de perguntar se havíamos visto russos e em que direção tinham ido. Se fosse autêntico, tínhamos certeza de que os russos cuidariam dele e, então, de propósito o mandamos na direção errada, que o levaria às mãos russas. Ficamos com pena, porque estava muito nervoso, mas tínhamos medo o bastante para pô-lo para fora à noite.

A próxima leva de russos chegou na manhã seguinte. Com eles vinha o invasor noturno, agora feito prisioneiro. Suas mãos estavam amarradas nas costas e ele era empurrado com agressividade. Ficamos bastante perturbadas pelo tratamento duro que os russos lhe davam e externamos nossa opinião. Fizemos tanto barulho que, por fim, exasperado, um oficial o trouxe até a porta, tirando sua roupa na nossa frente e erguendo o seu braço. Havia uma tatuagem na axila, uma prova concreta da sua identidade como SS. Estranhamente, não ficamos nem um pouco satisfeitas, e sim bastante perturbadas. Deveríamos estar imunes a qualquer tipo de sofrimento, mas não. Sentimo-nos mal ao imaginar o que iria acontecer a ele. Foi uma estranha reação emocional.

17

Do lado de fora do portão

Minhas emoções, dormentes por tanto tempo, agora começavam a aflorar outra vez. O menor incidente me fazia rir histericamente ou chorar sem controle. Ainda vivíamos apreensivas em relação ao que nos aconteceria, mas não mais com medo da morte iminente.

Agora, tínhamos comida adequada para nossas necessidades, consistindo principalmente em pão preto e batatas, com vegetais como cebolas, cenouras e canola. Acrescentávamos lentilhas para engrossar as sopas. Suplementávamos a dieta com queijo e leite condensado e usávamos óleo, manteiga e farinha para cozinhar, mas não tínhamos carne fresca. Os cozidos fumegantes que os russos compartilharam conosco despertaram em nós a vontade de comer carne.

Quando um novo contingente chegava, nós os procurávamos, esperando uma ajuda que os russos sempre nos deram. Mas, nessa manhã em particular, não tivemos sorte. Eles só estavam de passagem, a cavalo, carregando provisões para a linha do front. Olga e Mutti retornaram para preparar a refeição, mas eu fiquei ali para ver a movimentação.

Uma égua parecia mortalmente cansada debaixo da pesada carga. Ela deitou no chão, resfolegante, e recusou-se a se erguer, apesar de todas as tentativas dos soldados. Fiquei observando os soldados fazerem uma roda, considerando a atitude a tomar, até que um russo sacou a pistola matou-a com um tiro na cabeça. Eles deixaram o animal morto na neve e partiram. Eu sabia que era só um cavalo, mas fiquei incomodada com a morte.

Na manhã seguinte, levei Olga até o local. A carcaça dura estava coberta por neve recém-caída.

— Isso significa um belo cozido à noite e um bom estoque de carne! — disse Olga, de maneira prática, sem o menor melindre.

Ela foi para a cabana e voltou com uma grande e afiada faca de cozinha. Precisei ficar a uma certa distância. Mal consegui olhar quando Olga se inclinou sobre o cadáver e fez um corte na parte macia da barriga, que parecia ter uma boa carne para cozidos.

De repente, ela se endireitou.

— Venha dar uma olhada, Eva! — Chamou-me e, vencendo minha resistência, fui até lá ver o que tanto despertara sua atenção.

Em vez de carne comestível, ela encontrara um filhote morto perfeitamente formado no útero da égua. Fiquei tão chocada que dei uma olhada e saí correndo. Encostei-me na parede da casa, chorando compulsivamente por um longo tempo, porque, como todo o resto em Birkenau, o filhote estava morto sem nenhum bom motivo. Eu sabia que era irracional. Já tinha visto muita gente morrer e ficara paralisada, impotente, da mesma maneira que com o potro. Mas, quando Mutti veio e me achou, chorei em seu ombro por aquele pequeno ser mais do que havia chorado por qualquer outra coisa.

Mais tarde, todavia, quando Olga serviu uma porção quente de carne de cavalo, não consegui resistir e comi com as demais.

Após esse incidente, pareceu haver um intervalo nos combates. Nenhum outro russo surgiu e três ou quatro dias se passaram sem os sons de canhões.

Ainda continuávamos nos revezando para buscar água no furo do gelo do laguinho a cerca de 50 metros da casa. Como agora estávamos bem mais relaxadas, íamos desacompanhadas e, nessa manhã, era a vez de Mutti. Fiquei observando-a da janela, despreocupada, enquanto caminhava pela neve carregando um balde e um machado. Ela passou a golpear o gelo e então a vi ajoelhar-se para pegar a água.

Nesse instante, para meu horror, dois caminhões cheios de homens da Wehrmacht alemã pararam no portão do campo. Em seguida, o primeiro caminhão seguiu pelo campo direto para o barracão do hospital. O outro caminhão foi para a direção de Mutti, que estava congelada pelo susto. Um soldado desceu apontando a arma para ela e ordenou que subisse na traseira. A essa altura, nós três estávamos escondidas, agachadas, e ouvimos vozes gritando em alemão para as prisioneiras doentes do hospital.

— Todas para fora! Fora, todas! Preparem-se para marchar!

Assisti por trás da cortina o terrível transporte vagarosamente sair do campo, com um caminhão na frente e o outro atrás. Vários soldados acompanhavam os veículos a pé e com armas apontadas para o grupo de mulheres cambaleantes. Vi Mutti em seu vestido azul olhando para a janela, seu rosto tomado pelo terror. A fila de desventuradas passou devagar e ouvimos o barulho dos caminhões em marcha lenta se distanciando até restar somente o silêncio.

Não tínhamos como saber se os alemães haviam deixado soldados para trás para incendiar as construções a fim de destruir as evidências dos campos, mas eu estava em pânico. Mal podia crer que Mutti ia ser morta agora, após tudo o que passáramos. Fiquei agachada, perplexa, com o punho dentro da boca para tentar reprimir gritos histéricos.

— Tente ser corajosa, Eva — Olga disse, rastejando em minha direção. — Deus vai cuidar dela.

Ela tentou me abraçar, mas eu a empurrei, em pânico.

— Fique quieta — Yvette sibilou. — Você vai nos entregar!

Ficamos escondidas no chão por um tempo que pareceu horas. Mantive-me encolhida num canto em profundo desespero, sem saber o que fazer. Vez ou outra ouvíamos os ecos de tiros correndo sobre a neve, mas, exceto por isso, tudo estava quieto. Ao anoitecer, mais uma vez caiu uma forte nevasca. Assumimos que, a essa altura, os soldados alemães deviam estar longe.

De repente, uma forte batida na porta causou-nos um sobressalto. E, então, incrivelmente, miraculosamente, ouvimos a voz de Mutti chamando:

— Evertje, sou eu, estou aqui!

Abri a porta e nos abraçamos. Lágrimas de alívio correram pela minha face. Minha querida Mutti estava de volta em segurança.

Mais tarde, sentadas ao redor do fogão tomando sopa quente, ela nos contou o que acontecera. Pouco depois de atravessar os portões do campo, inúmeras mulheres caíram, sem condições de prosseguir, e os alemães ou as mataram a tiros ou as deixaram para morrer. Mutti viu que tinha de fingir-se de morta. Começou a se arrastar mais lentamente pela neve e, então, desabou no chão, confiando em Deus que eles não se dariam ao trabalho de desperdiçar uma bala com ela. Ficou lá, imóvel, enquanto as outras presas passavam cambaleando. Ela pôde sentir o chão tremer quando as rodas do caminhão passaram a menos de um metro. Permaneceu assim até ter certeza de que era seguro se mover, e então fez o caminho de volta à cabana, no escuro.

Nós dormimos juntas na mesma cama essa noite, mais uma vez abraçadas.

Na manhã seguinte, depois de clarear, fomos juntas até a principal estrada fora do campo para ver se alguém ainda estava viva. Só havia um silêncio sepulcral. Até onde a vista alcançava, a estrada se achava coberta de corpos congelados. Muitas estavam sobre poças de sangue que manchavam a neve. Mais de cem mulheres morreram durante a noite.

18

A ESTRADA PARA AUSCHWITZ

Para nosso alívio, os russos passaram a ressurgir em ondas a cada dois ou três dias, acampando por uma ou duas noites e, então, seguindo em frente. Metade deles estava a cavalo. Sempre montavam um acampamento com uma unidade de cozinha, com cerca de vinte ou trinta homens por vez.

Nós quatro, muito nervosas, discutimos o que fazer. Achávamos que tínhamos de descobrir se ainda havia homens vivos no campo principal de Auschwitz. Talvez fosse mais seguro se conseguíssemos nos unir a eles.

Aparentemente, os alemães haviam recuado em definitivo, e, assim, definimos que Yvette e eu iríamos ao campo principal de Auschwitz no dia seguinte para investigar o que restara ali.

Preparamo-nos contra o frio, eu com meu edredom sobre a jaqueta, calça e botas, e Yvette com uma jaqueta acolchoada russa que ganhara de um soldado.

Saímos por volta das 11, quando o tempo melhorou, caminhando lado a lado pela estrada coberta de neve, seguindo as marcas das rodas dos caminhões. Não encontramos ninguém. Rajadas de vento jogavam flocos de neve nos nossos rostos enquanto tropeçávamos sobre a neve firme. O silêncio só era quebrado pelo ruído das botas no solo. Trocamos poucas palavras, economizando a respiração e os esforços para vencer o frio intenso. Além disso, sentíamos medo do que poderíamos encontrar.

Por fim, após mais ou menos duas horas, vimos prédios de dois andares erguendo-se na distância. Eles indicavam o começo das cercanias de Auschwitz. Agora, havia vários caminhões russos estacionados ao longo da estrada. Russos corpulentos, com roupas e chapéus de pele, circulavam ao redor, ocupados em consertar motores ou limpar armas. Ao nos aproximarmos, os homens viraram-se para nos observar caminhar em sua direção, mas ninguém disse nada ou nos deteve.

Quando chegamos perto do campo principal de Auschwitz, havia uma atmosfera de atividade, organização e permanência em relação à presença russa. Ironicamente, em cima do portão via-se uma mensagem em ferro fundido: ARBEIT MACHT FREI (o trabalho liberta). A constatação de que eu estava livre era tão poderosa que mal podia assimilá-la.

Os russos haviam montado um quartel-general e cozinhas de campo, e os militares pareciam ter total controle da situação. Era exatamente o que tínhamos desejado; sinais de vida. Quase percorremos correndo as últimas centenas de metros. Estávamos muito empolgadas e contentes em ver homens que podiam nos proteger.

À medida que nos aproximávamos, outros homens com boinas e uniformes listrados de prisioneiros caminhavam devagar em nossa direção. Estavam emaciados e tinham dificuldade para manter o equilíbrio. Olhei seus rostos, desejando reconhecer Pappy ou Heinz.

Fomos para os primeiros barracões de tijolos que vimos e subimos a escada que dava num longo salão. Dentro, fileiras de treliches com camas individuais ocupadas por prisioneiros. Alguns estavam deitados, outros sentavam-se nas camas inferiores. Quando nos viram, muitos levantaram-se e arrastaram-se até nós, ansiosos por fazer perguntas. Confirmamos que havíamos caminhado desde Birkenau, e a notícia os deixou totalmente estupefatos. Foi como se um interruptor elétrico tivesse sido ligado. Todos começaram a falar ou gritar ao mesmo tempo. *Quem éramos? Havia outras mulheres vivas? Conhecíamos tal e tal? Sobraram muitas mulheres vivas em Birkenau?*

Vinham vozes de todos os lados em alemão, francês, ídiche, polonês, húngaro e holandês. Ficamos atordoadas, sem saber o que dizer. Éramos as primeiras mulheres que eles viam desde a libertação, e estavam ansiosos para saber se suas amadas haviam sobrevivido. Não podíamos ajudá-los, porque percebemos que, muito provavelmente, elas não tinham conseguido.

Busquei por Pappy ou Heinz. Não estavam ali, mas vi um rosto que pareceu vagamente familiar. Ele era de meia-idade, quase sem face, apenas o crânio de um esqueleto do qual me encaravam dois olhos castanhos abatidos e inquisitivos.

— Eu o conheço — disse em holandês, com certeza quase absoluta no fundo da minha mente de que já o vira antes.

Ele se levantou devagar, com muita dor, ainda alto e digno, e curvou-se levemente para mim.

— Sou Otto Frank. — E esboçou um débil sorriso. — E você é Eva Geiringer, não? A amiguinha de Anne.

E então ele me tomou nos braços e me estreitou.

— Anne está com você? Você a viu, ou Margot? — perguntou, ansioso, mas tive de dizer que não encontrara nenhuma das minhas amigas da Merwedeplein no campo.

Otto também não tinha nenhuma informação sobre Pappy ou Heinz, mas disse que todos os prisioneiros em boas condições tinham sido obrigados a marchar. Sentei por um tempo em sua cama e contei-lhe tudo o que pudesse lhe interessar. Ele disse achar uma boa ideia nós irmos para Auschwitz, onde os russos tinham um quartel-general permanente e iriam cuidar dos prisioneiros. Prometi voltar a vê-lo.

Os russos deram sopa quente para Yvette e para mim. Em seguida, eu disse que devíamos voltar para Mutti e Olga. Yvette estava tão excitada por estar mais uma vez na companhia de homens que não via motivo em regressar, e se recusou a me acompanhar. Assim, tive de enfrentar a caminhada de retorno sozinha.

Retomei a estrada para Birkenau por volta das quatro da tarde, quando o sol já se punha. Fiquei nervosa com a ideia de andar desacompanhada, mas não havia o que fazer. Caminhei por uma boa hora e, então, a escuridão caiu. Não havia lua, mas o céu estava limpo, com uma infinidade de estrelas.

De repente, balas traçadoras espocaram e passaram pela minha cabeça, riscando a escuridão com um azul esverdeado. Atirei-me na neve para evitar o fogo cruzado. Tudo ficou em silêncio de novo. Na distância, ouvi um caminhão se aproximando, mas não sabia se era alemão ou russo, por isso arrastei-me e escondi-me atrás de um arbusto até ele passar. Quando ia retomar a caminhada, vários outros caminhões passaram, obrigando-me a continuar escondida.

A essa altura, já estava bastante escuro e muito frio. Sabia que, se me perdesse, não sobreviveria à noite. *E se eu morrer congelada aqui e jamais vir Mutti de novo?*, pensei. *O que Mutti fará se eu não voltar hoje?*

Assim, reunindo toda a minha coragem e energia, saí dos arbustos e pus-me a caminhar. Fui assobiando, para fazer companhia a mim mesma. Depois de algum tempo, quando cansei de assobiar, comecei a chupar a ponta do edredom, para me reconfortar. Sabia que havia cadáveres ao longo do caminho. Ao passar por eles, pude verdadeiramente sentir seus espíritos me ajudando a prosseguir e, de repente, não tinha mais medo. Marchei de forma constante até enxergar o leve contorno do nosso abrigo.

Apenas poucas semanas antes, teria experimentado grande pavor em relação a uma casa que fora ocupada por oficiais das SS, mas, naquele momento, ao bater vigorosamente na porta, eu voltava para Mutti.

Na manhã seguinte, partimos para nos juntar aos homens em Auschwitz, e começamos mais uma vez a ansiar pelo futuro. Muito poucas mulheres conseguiram sair livres de Birkenau, mas dei-me conta, com um imenso sentimento de gratidão e humildade, de que eu era uma delas.

19

AUSCHWITZ

Fevereiro de 1945

A manhã estava limpa e agradável quando partimos de Birkenau. Alguns dias antes, Mutti e eu vasculhamos os armazéns e encontramos uma mala pequena, a qual enchemos com uma muda de calcinhas, algumas meias de lã e vestidos (saias eram inúteis, já que não tínhamos cintura). Também pegamos um pão. Dissemos a Olga que estávamos determinadas a partir o quanto antes. Um estranho Destino nos deixara dependentes umas das outras e, então, ela se juntou a nós prontamente.

De início, a euforia nos carregou — estávamos livres e parecia quase inconcebível que, apenas alguns quilômetros para trás, milhões da nossa gente tivessem sido sistematicamente assassinados.

Caíra uma nevasca durante a noite e, caminhando com dificuldade sobre uma manta macia, nós três podíamos ver na estrada as ondulações na neve que cobria os corpos da última e funesta marcha forçada. Tudo agora estava branco e silencioso.

Nossas preciosas colchas estavam enroladas sob os braços. Mutti e eu nos revezamos com a mala, mas, depois de algum tempo, ela começou a ficar mais pesada a cada passo. Cada pegada era uma testemunha da nossa determinação de chegarmos a Auschwitz. A respiração se transformava em vapor com o frio, e caminhamos cansadas, ansiosas demais sobre o que nos aguardava no futuro para falar. Fui andando aos tropeções, com os olhos semicerrados, desejando reencontrar Pappy e Heinz e imaginando a cara de Pappy quando visse Mutti viva na sua frente, e não morta como imaginava. Ele não conseguiria acreditar que, entre tantas vítimas, nós duas havíamos sobrevivido e regressado. A expectativa do reencontro dava-nos força para prosseguir.

Passaram-se mais de duas horas antes que as construções de tijolos vermelhos de Auschwitz surgissem no horizonte. Os russos continuavam por ali, ativamente organizando provisões e tropas. Quando alcançamos o primeiro grupo de soldados, Olga caminhou até eles, virou-se para nós e gesticulou para continuarmos. Passamos por ela e jamais a vimos de novo.

Conduzi Mutti ao primeiro prédio que visitara antes. Os treliches continuavam ocupados por homens encolhidos e enfraquecidos, principalmente jovens que agora pareciam anciões; os crânios rapados, acinzentados, e maxilares proeminentes eram recobertos por pele sem carne embaixo. Todos não passavam de esqueletos vivos. Começamos a caminhar lentamente pelas fileiras procurando por Pappy ou Heinz. Olhos ansiosos nos encaravam e seguiam, procurando reconhecer seus próprios entes queridos. Não localizei o Sr. Frank novamente, mas encontramos um homem que havíamos conhecido em Amsterdã e visto em Westerbork. Algum traço em sua fisionomia deteve Mutti ao lado da cama.

— Sr. Hirsch? — ela perguntou, incerta.

Ele ficou imóvel, com os olhos voltados para nós, mas sem nenhuma expressão.

— Sr. Hirsch — Mutti repetiu —, você não me reconhece... Fritzi Geiringer?

Muito devagar, sua expressão se alterou, o rosto esboçou um fraco sorriso e ele estendeu uma mão débil para pegar a de Mutti.

— Estou tão feliz por você continuar vivo — disse Mutti.

— Fritzi? Você conseguiu! — ele sussurrou com voz rouca. — Que maravilhoso! Mas não posso me levantar para cumprimentá-la — se desculpou. — Minha perna está quebrada e amarrada a uma tábua.

Perguntamos por Pappy e Heinz. E, então, ele deu a notícia que temíamos ouvir:

— Eles se foram. — Balançou a cabeça em reação à expressão desesperada de nossas faces. — Partiram numa das últimas marchas forçadas. Erich disse que quem ficasse certamente seria morto pelas SS em retirada e achou que ele e Heinz tinham de se esforçar para ir. Eu não tive escolha, não posso andar.

Foi uma notícia devastadora. Mal conseguimos olhar uma para a outra, estávamos completamente abaladas. Mutti deu um tapinha na mão dele e prometeu retornar depois que providenciássemos um abrigo para a noite. Nossos corações estavam pesados quando saímos. De algum modo, tínhamos de continuar com a vida. Tentamos nos confortar com a esperança de que Pappy e Heinz estivessem em razoáveis condições físicas e assim sobrevivessem à marcha. Teríamos apenas de esperar um pouco mais para nos reunirmos.

No andar superior do mesmo prédio havia quartos pequenos ocupados agora por russos e alguns prisioneiros com aparência mais saudável. Encontramos um quarto vazio com duas camas de madeira, colchões de palha, uma mesinha e uma cadeira de madeira. O melhor de tudo é que havia uma porta que podíamos fechar e conseguir um pouco de privacidade. Fizemos do quarto nosso aposento e jogamos os parcos pertences nas camas antes de descer para investigar. Os espólios de guerra estavam por toda parte, dezenas de pessoas perambulavam saqueando os armazéns e desprezando mercadorias que não queriam. Encontramos no térreo banheiros com água fria corrente, mas os vasos sanitários estavam entupidos. Pegamos um balde no corredor para usar no nosso quarto como privada e tiramos alguns pratos e talheres de uma pilha do lado de fora. E então fiz a melhor descoberta de todas: uma enorme linguiça de fígado largada na estrada e pronta para ser pega. Ficamos com água na boca ao imaginar nosso primeiro sanduíche de *liverwurst* em anos. Iríamos dividi-la com o Sr. Hirsch, e essa ideia ocupou totalmente nossas mentes até voltarmos para o quarto. Quando abrimos a porta, nossos corações afundaram. A mala e todos os nossos pertences haviam sumido! Só ficaram as colchas.

Sentamos desconsoladas nas camas, olhando para a linguiça e, com pão ou sem pão, trinquei os dentes nela. Mutti mordeu um pouco também, advertindo-me novamente para não comer muito de uma só vez, mas eu era como um animal faminto e selvagem, e nada no mundo poderia me deter. O impulso de comer foi tão forte que só parei quando não restava mais nada.

Fora um dia exaustivo e carregado emocionalmente. Quando a noite caiu, deitamos nas camas separadas, debaixo das nossas colchas, mas o cansaço não era forte o bastante para eu superar a necessidade do calor de Mutti e, após alguns minutos, fui para sua cama me aninhar ao seu lado.

Mais tarde, acordei com terríveis cólicas estomacais que me fizeram correr para o balde. Tive de passar ali o resto da noite, pagando pela minha gula!

Na manhã seguinte, fomos conversar com os russos. Parecia haver um pequeno grupo permanente de soldados que lidavam com os problemas do campo de concentração abandonado. Alguns cavavam buracos para latrinas para os prisioneiros, outros reuniam pessoas com força para ajudar a descascar vastas montanhas de batatas que seriam jogadas em pesados caldeirões pretos para fazer sopa de batata e repolho. Era o alimento básico de todos, inclusive dos militares. Grandes pedaços de pão de milho rústico foram distribuídos e então havia comida suficiente para deter os sintomas da inanição. Estávamos dispostas a assumir quaisquer tarefas em troca de comida extra. Um oficial russo pediu a Mutti para limpar as janelas do seu escritório, que estavam imundas com a sujeira do inverno. Não havia água, mas ele mostrou como limpar com bolas de jornal. Depois, nos deu pão e queijo, e ficamos muito agradecidas.

Três soldados russos jovens e fortes apareceram numa manhã, armados com serras e músculos, e começaram a cortar as camas superiores dos treliches. A conversão do sistema de treliches em algo próximo a uma ala hospitalar permitiu que nos distanciássemos da sensação de prisão. Ficamos confortadas em saber que alguém tinha consciência do nosso infortúnio, e foi uma medida bastante importante para nosso moral. Mais tarde, vimos a madeira ser jogada nas fogueiras da cozinha de campo e percebemos que fora cortada para a obtenção de combustível.

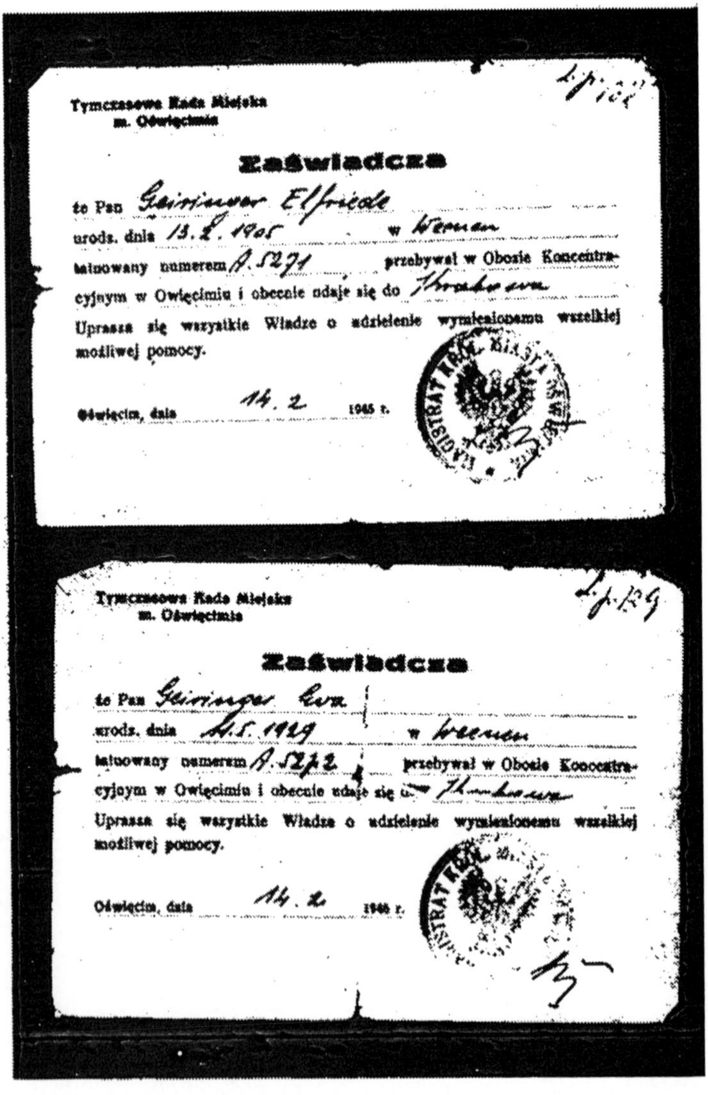

Tymczasowa Rada Miejska
m. Oświęcimia

Zaświadcza

że Pan Geiringer Elfriede
urodz. dnia 13.8.1905 w Wiedniu
tatuowany numerem A.5271 przebywał w Obozie Koncentracyjnym w Oświęcimiu i obecnie udaje się do Krakowa
Uprasza się wszystkie Władze o udzielenie wymienionemu wszelkiej możliwej pomocy.

Oświęcim, dnia 14.2 1945 r.

Tymczasowa Rada Miejska
m. Oświęcimia

Zaświadcza

że Pan Geiringer Eva
urodz. dnia 11.5.1929 w Wiedniu
tatuowany numerem A.5272 przebywał w Obozie Koncentracyjnym w Oświęcimiu i obecnie udaje się do Krakowa
Uprasza się wszystkie Władze o udzielenie wymienionemu wszelkiej możliwej pomocy.

Oświęcim, dnia 14.2 1945 r.

Os passes emitidos pelos russos para Mutti e para mim em Auschwitz depois da liberação do campo.

Havia várias outras mulheres holandesas no campo e, durante a semana, Mutti e eu as conhecemos. Algumas tinham sido capturadas em setembro e não estavam em condições físicas tão precárias quanto as das prisioneiras antigas. Uma delas, Rootje, era cheia de vida e afável, e tinha aproximadamente a mesma idade de Mutti. As SS haviam descoberto seu esconderijo e ela fora pega com o marido e Judy, a filha de 16 anos. Judy fora transportada para outro campo de trabalho, e ela invejava Mutti por ter-me junto. Elas logo estabeleceram uma amizade. Rootje estava à procura do marido, mas ele também partira em uma das últimas marchas. Ela também falou sobre a família de Otto Frank, que ficara no mesmo barracão. Rootje nos contou que Margot e Anne haviam sido despachadas em outubro, e que Edith ficara mentalmente perturbada, imaginando que ainda estavam com as duas. Edith escondia comida para elas e para o marido, Otto. Em janeiro, pouco antes da libertação, ela morreu nos braços de Rootje, de exaustão, fome e desespero. Fiquei triste pelo Sr. Frank e desejei que Anne e Margot estivessem vivas.

Uma moça holandesa de 16 anos, magra, alta e tímida, chamada Kea, travou amizade comigo. Fiquei contente de ter alguém da minha idade para conversar em holandês, e tentamos nos encontrar todos os dias para fazer companhia uma à outra. Seus pais e avós haviam providenciado para que fosse escondida numa fazenda da Frísia, mas ela também acabou sendo traída. Kea não tinha notícias da família e estava totalmente só.

Durante uma noite na terceira semana, ouvimos tiros perto do campo. E, então, canhões da artilharia. O bombardeio prosseguiu por toda a noite, e Mutti e eu nos abraçamos, com medo, debaixo dos edredons, tentando bloquear o barulho.

Quando descemos, na manhã seguinte, encontramos a rua cheia de presos e soldados agitados. Gradualmente compreendemos que os russos haviam sofrido um sério ataque dos alemães e perdido terreno. O inimigo mútuo mais uma vez avançava em nossa direção. Ficamos aterrorizadas. Tendo passado por todo aquele sofrimento e sobrevivido, sabíamos que, se conseguissem retornar, eles se vingariam amargamente e matariam todos a sangue-frio.

Por fim, vários oficiais russos apareceram e nos acalmaram. Em alemão precário, informaram que iriam nos recuar para trás das linhas, em Katowice, que era uma zona mais segura. Tínhamos de estar prontos em uma hora.

Guardamos nossos pertences numa mochila que Mutti fizera com panos de chão, enrolamos as colchas e descemos para ajudar o Sr. Hirsch. Ele continuava deitado, com muitas dores. Queríamos que viesse conosco, mas ainda não podia se mover. Havia vários outros homens bastante enfraquecidos. Odiamos a ideia de deixá-los para trás, sob risco de serem recapturados pelos alemães. Se os russos conseguissem manter a posição, sem dúvida eles seriam bem cuidados, mas caso contrário...

Cerca de 150 homens e mulheres reuniram-se na praça principal. Formávamos um grupo esfarrapado, a maioria vestida com os uniformes listrados de prisioneiros — todos com as cabeças rapadas —, ansiosos por sair de Auschwitz.

Vários caminhões entraram na praça. Soldados russos abriram as traseiras e ajudamos uns aos outros a subir. Rootje e Kea sentaram conosco nos bancos, esperando voltar para a infame ferrovia. Mais uma vez vimos vagões de gado esperando por carga humana, mas dessa vez os russos estavam cuidando de nós. Dessa vez, finalmente, estávamos a caminho da liberdade.

20

KATOWICE

Mutti e eu embarcamos ao som de risadas e cantoria. A atmosfera era totalmente diferente da última viagem de trem.

No meio da confusão, preparamos uma pequena cama, com uma colcha estendida no chão e outra por cima, aconchegadas num canto para uma longa jornada. No centro do vagão havia um fogão de ferro continuamente aceso para nos manter aquecidos e permitir que cozinhássemos. E não haveria mais os baldes fedorentos no canto. Disseram-nos que, dessa vez, o trem pararia a intervalos regulares.

A locomotiva aos poucos se afastou do lugar mais medonho da Terra. Da linha do front, viajamos através da Polônia liberada. Durante o dia, todos sentaram-se silenciosamente ao redor do fogão, mergulhados em pensamentos, mal ousando esperar por algo mais do que essa quieta camaradagem e relativa segurança. Com o trem atravessando os campos, o futuro era algo a ser ansiado. A guerra ainda prosseguia. Poucos estavam em condições físicas de cuidar de si próprios e nos indagamos sobre quais planos os russos teriam para nós.

O trem parava a cada poucas horas. Todos descíamos para nos aliviar ao lado dos trilhos, estender as pernas e respirar um pouco de ar fresco. Ao olhar em volta, testemunhamos a devastação que o ataque alemão e a contraofensiva russa haviam imposto à terra. Incontáveis vezes vimos vilas desertas e queimadas. Mas, quando o trem desacelerava para parar em estações pequenas e destruídas, figuras encurvadas emergiam do que pareciam crateras no solo; eram os aldeões sobreviventes, camponesas envoltas em xales e lenços, carregando cestas de ovos ou batatas para vender. Nenhum de nós tinha dinheiro, mas apresentávamos o que possuíamos, pedaços de coisas, lenços, meias; elas pareciam contentes em fazer a troca mesmo assim. Duas vezes por dia, quando parávamos em uma estação, os russos nos davam sopa e pão.

Trens de tropas russas passavam continuamente na direção do front. Sempre que nos detínhamos perto de outro trem imóvel, todos desciam para conversar e trocar notícias dos fronts leste e oeste. Queríamos fazer contato com pessoas que não fossem ex-prisioneiras para descobrir todo o possível sobre o progresso da guerra.

Alguns soldados russos eram pouco mais do que crianças, 15 ou 16 anos no máximo. Uns poucos falavam alemão e conversavam conosco. De onde vínhamos? Como eram as condições no front? Assim que dizíamos que éramos judeus, eles apertavam nossas mãos e voltavam correndo para os vagões. Então, orgulhosamente retornavam trazendo um dos colegas judeus e ficavam de lado sorrindo e observando o imenso sentimento de conexão fluindo entre nós. Os judeus russos sabiam um pouco de ídiche e ficavam empolgados e aliviados por encontrar judeus que haviam sobrevivido ao Holocausto. Pareciam saber tudo sobre os campos de concentração.

Então, de novo, ao pararmos em plataformas arruinadas, soldados russos tiravam dos bolsos fotografias de pais, irmãos ou filhos e perguntavam ansiosamente se os havíamos visto... em algum lugar, em alguma parte.

Alguns homens levavam fotos de Stálin, as quais beijavam fervorosamente, dizendo que era o nosso salvador, aquele que nos conduziria à vitória. Todos os soldados — homens fortes e simples — eram ferrenhos comunistas. Eram tomados pelo entusiasmo e repetiam histórias de como seus próprios pais ou avós tinham sido servos sem nenhuma perspectiva, obrigados a viver em choças como animais, oprimidos pelos latifundiários. Mas, agora, sob Stálin, tinham direitos iguais e, mais importante, a barriga cheia; moravam em casas decentes e nutriam esperança no futuro. Fiquei bastante impressionada pelo fervor. Seus rostos ansiosos me encheram de confiança e senti-me segura de que seríamos bem protegidas por homens de tamanha convicção.

7 de março de 1945 —Forças dos EUA cruzam o Reno em Reimagen

Viajamos para o sudeste por quase três semanas, sem saber o destino final até que, finalmente, em 25 de março, paramos numa grande estação que continuava intacta. Era Katowice, uma importante cidade de mineração de carvão, onde pela primeira vez em muitos meses entramos em uma área construída. Estávamos de volta à civilização.

Com ânimo elevado, tiramos nossos pertences do trem. Reparei em Otto Frank desembarcando e apontei-o para Rootje. Ela fez um aceno com a cabeça e foi caminhar a seu lado enquanto éramos levados para os alojamentos dos operários, na periferia da cidade. Colchões de palha haviam sido colocados no chão e os soldados no comando falaram para nos instalarmos confortavelmente, já que ali seria nosso lar por vários dias, até que chegassem ordens instruindo-os sobre o que fazer conosco. Devemos ter sido um problema e tanto para eles, mas o exército parecia estar no controle da situação. Imediatamente os soldados montaram cozinhas de campo no pátio para fazer a deliciosa sopa quente de repolho e batata. Havia pedaços de pão de milho, mas o gosto era tão ruim que eu mal comi. Mutti, cujas forças retornavam aos poucos, ficava insistindo para que eu comesse pelo menos um pouquinho da minha porção.

— Todos os soldados russos comem — repetia —, e veja como são fortes!

No entanto, eu não estava mais famélica — e começava a escolher o que comer.

Durante as tardes, Mutti, Rootje, Kea e eu, com alguns outros amigos, nos aventurávamos na cidade para desfrutar a sensação de caminhar por ruas com lojas. Nenhuma vitrine tinha muitos produtos em exibição, mas para nós tudo parecia o máximo do luxo. Não tínhamos dinheiro para comprar nada, mas nos alegrávamos por fazer parte da vida comum. Não tínhamos fome apenas de comida em Birkenau. Estávamos famintos pela normalidade.

Um dia, para nossa grande satisfação, demos de cara com o cinema local, que exibia um velho filme austríaco. Fiquei tão excitada que não parei de pular implorando a Mutti para pedir à caixa para nos deixar entrar. Mutti estava extremamente relutante, porém, vendo meu rosto, foi até a surpresa garota na bilheteria e explicou que éramos um grupo de prisioneiras libertadas de Auschwitz ansiosas por ver um filme. Nós oferecíamos uma pobre vista: cabelos curtos, olhos afundados, ossos protuberantes e a mais estranha variedade de roupas sujas penduradas nos nossos corpos. Ela fez uma careta, mas ficou com pena e liberou a entrada. E assim, um esfarrapado amontoado de refugiadas ansiosas fez fila para receber ingressos e escapar para a grande ilusão do cinema.

O filme já tinha começado. Estava escuro quando procuramos lugares, de modo que ninguém pôde olhar para as figuras excêntricas que devíamos parecer. Era uma história sobre o imperador Francisco José. Reconheci os jardins e o palácio Schoenbrun, onde brinquei quando criança. A música de Johann Strauss enchia o auditório e, durante aquelas duas horas, eu me esqueci completamente dos meses de miséria e tortura que tínhamos enfrentado. Era uma fuga total da realidade.

Quando acabou, saímos para a rua já escurecendo e foi aí que soube que enfim estávamos livres. A enormidade disso me atordoou. Era uma adolescente que sobrevivera à tragédia de Auschwitz, e supus que voltaria à vida normal, à escola com professores e colegas de classe, fazendo coisas do dia a dia que, por muitos anos, haviam sido proibidas e inalcançáveis. De repente, me senti muito assustada. Como conseguiria lidar com tudo isso? Já estava escuro e segurei firme a mão de Mutti, ainda uma criança. Apesar de não termos dito nada, nós duas pensamos em Pappy e Heinz. A possibilidade de que eles talvez não tivessem sobrevivido pairava sobre nós como uma sombra sinistra.

Ficamos no alojamento por vários dias até que, certa manhã, disseram para nos prepararmos para partir. Seríamos levados ainda mais para o leste, já que os russos tiveram de admitir que a guerra não avançava de maneira satisfatória e que havia a possibilidade de os alemães recapturarem Katowice.

31 de março de 1945

Mais uma vez embarcamos num trem, e este ia para o coração da Ucrânia. De vez em quando, ele parava. Às vezes, esperava durante horas, para manter as linhas livres para movimentos de tropas. Vez ou outra, parava apenas dez minutos para os passageiros se aliviarem. Saltávamos de uma altura de cerca de 1,20 metro até os trilhos, fazíamos nossas necessidades e embarcávamos de novo antes de o trem seguir viagem.

Na tarde do terceiro dia, após o trem ter parado várias vezes, poucas pessoas aproveitaram o intervalo. Mutti desceu e estava se agachando a alguns metros do vagão, quando, de repente, o trem sacudiu e lentamente começou a se mover. Várias pessoas ainda estavam nos trilhos e foram puxadas para dentro. Mas Mutti, que começara a correr ao lado do vagão, simplesmente não tinha a força necessária para pular de volta, nem a coragem de agarrar as mãos estendidas em seu auxílio. Com o trem acelerando, ela desistiu e parou de correr. Fiquei vendo, horrorizada, a sua solitária figura ao lado dos trilhos aos poucos se transformar em um pontinho preto na distância. Fiquei histérica. Rootje e Kea tentaram me acalmar e tranquilizar.

— Ela pegará o próximo trem.

— Sua mãe vai nos alcançar na próxima parada.

— Como? — perguntei. — Ela não sabe para onde estamos indo! Nem *nós* sabemos para onde estamos indo.

Na parada seguinte, as três encontramos um oficial que estava no comando. Ele não entendia uma palavra de alemão, e, assim, tivemos de contar o infortúnio de Mutti por mímica. Era como um jogo. Nós nos ajoelhamos fazendo ruídos e, então, fingimos tentar pular num trem imaginário. Estávamos seriíssimas, mas devemos ter parecido muito engraçadas. Ele achou tão cômico que explodiu em gargalhadas, com lágrimas correndo pela face. Deu tapinhas no meu ombro para indicar que tudo ficaria bem — mas não me impediu de ficar preocupada ou irritada com Mutti. Como ela pôde ter sido tão tola a ponto de me deixar sozinha de novo? Dessa vez, era tudo culpa dela.

21

Chernivtsi

A jornada para o leste sem Mutti prosseguiu com paradas e partidas durante vários outros dias, e não houve sinal dela em lugar nenhum.

Exceto pela minha própria ansiedade pessoal, a atmosfera no trem estava se tornando relaxada e até mesmo jovial. Alguns vagões transportavam prisioneiros de guerra italianos contentíssimos por escapar do conflito. Eram repletos de piadas, canções e charme ensolarado. Em pouco tempo, todo mundo estava se integrando. Diversos homens e mulheres, privados da companhia do sexo oposto por tanto tempo, flertavam entre si, e não demorou muito para começarem a fazer amor nos vagões escuros e sacolejantes. Fiquei intrigada pelos ruídos apaixonados que acompanhavam o ritmo das rodas.

Tantos namoros que ocorriam encorajaram um homem no vagão a pôr os olhos em mim. Ele tentou se esgueirar para dentro do meu edredom, e eu não gostei nem um pouco da ideia. Mas entendi. Era uma figura tão solitária e patética, ansiando por amor mais uma vez, que eu não quis humilhá-lo repelindo-o. Felizmente para mim, eu havia comido tantos ovos cozidos que meu corpo produziu um terrível odor sulfuroso e, para meu alívio, isso pareceu desanimá-lo.

Por fim, entramos na cidade de Chernivtsi, que fizera parte da Romênia. A cidade no passado abrigara uma grande população judia, protegida pelo governo romeno, e fomos precedidos por rumores de nossa chegada. Quando saímos da estação, as ruas estavam tomadas por judeus acenando, batendo palmas e aproximando-se para nos abraçar e oferecer pequenos presentes de alimentos ou roupas. Ficamos muito emocionados ao sentir tanto amor e apoio.

Fomos conduzidos a uma escola vazia, com colchões colocados num grande salão, que seria nosso abrigo por alguns dias. Estava começando a me acostumar com essa vida nômade — e até mesmo a gostar.

Após nos acomodarmos, um pequeno grupo com os mais animados de nós saiu para explorar a cidade. Caminhamos juntos, em subgrupos de três ou quatro, olhando para vitrines e perambulando por áreas residenciais.

Mais uma vez, a necessidade de usar o banheiro começou a ocupar nossas mentes, então Rootje, Kea e eu decidimos entrar num prédio residencial, bater em alguma porta e explicar a situação. Por sorte, a porta foi aberta por uma maternal senhora judia que exibiu um largo sorriso e imediatamente nos acolheu. Seguindo a tradição, insistiu para que ficássemos para um chá. Ela nos colocou ao redor da mesa e comemos bolo caseiro com chá doce. Embora houvesse uma escassez de comida, a sua hospitalidade lembrou-nos de nossos lares e ficamos bastante emotivas. Contamos tudo o que havíamos passado e, quando fomos embora, nós a abraçamos e beijamos como se a conhecêssemos por toda a vida.

Ao sairmos, notamos um mezuzá (o sinal de um lar judaico) na porta. A partir daí, procuramos por casas com mezuzás. Sempre funcionava! Sempre que batíamos na porta, éramos recebidas com tanto calor e amor que desfrutamos de boa comida e confortos do lar por inúmeras vezes. Essa gente também tinha sofrido adversidades, mas compartilhava tudo o que podia conosco, tratando-nos como convidados de honra. Senti-me muito contente por ser judia.

Todos com quem falávamos odiavam intensamente os alemães. Éramos os poucos que haviam sido resgatados de suas garras, e todos se alegravam por a "Solução Final" nazista não ter sido final. Experimentávamos um grande sentimento de conquista por termos sobrevivido contra todas as adversidades.

Eu estava me divertindo em Chernivtsi mesmo sem Mutti. Experimentava um novo tipo de independência e, apesar de me preocupar com ela, pegava no sono sozinha sem muitos problemas.

No meio de uma noite, as luzes no salão de súbito se acenderam e um grupo de militares russos agitados entrou, gritando para nos levantarmos e ajudarmos. Quando acordei, eu os vi esvaziando sacos de batatas em enormes pilhas, as quais tinham de ser descascadas imediatamente. Os russos tinham pedido reforços, e muitos soldados estavam prestes a chegar. Eles precisariam ser alimentados durante a noite, antes de partirem para o front.

— Chega de descascar batatas — resmungaram algumas das mulheres mais velhas e mal-humoradas, recusando-se de pronto a se levantar. — Já fizemos bastante trabalho escravo.

Mas que falta de educação, pensei, sentindo-me envergonhada pela atitude.

Kea e eu de bom grado concordamos em ajudar na sopa. Nós, as moças mais animadas, daríamos conta da tarefa. A essa altura, encarávamos tudo como uma aventura, e estávamos contentes por sentir que contribuiríamos um pouco para o esforço de guerra.

Dava para sentir o bafo de vodca dos soldados que organizaram a descascação das batatas. Eles passavam baldes de água de mão em mão e, enquanto isso, cantavam canções tradicionais russas com vozes profundamente melodiosas. Fiquei encantada; viva e empolgada. Quando a montanha de batatas desapareceu, eles trouxeram balalaicas e começaram a dançar. Ajoelhavam-se, rodavam de mãos dadas, davam pulos acrobáticos; era uma dança maravilhosa, cheia de entusiasmo e vida e realizada com uma incrível habilidade atlética. Nunca vira nada parecido antes. Foi uma apresentação impressionante, com os soldados dando cambalhotas, um após o outro, executando diferentes tipos de saltos e passos, girando e rodando — todos eles dançarinos exímios. Num teatro, teriam eletrizado a plateia. Nós aplaudimos e os incentivamos, inteiramente tomadas pelo talento e pela energia. Que homens eram esses russos!

Por fim, eles quiseram que nós também participássemos. Tentamos, mas depois de uma ou duas investidas débeis, caíamos no chão rindo. Pensei que podia dançar com eles, parecia tão fácil quando faziam, mas não consegui dar nem mesmo um simples passo.

Com o dia nascendo, voltamos exaustas para os colchões, radiantes de entusiasmo com a exuberância desses homens inspirados. Eram genuínos, diretos, descomplicados e de corações abertos, e adorei estar com eles.

Mergulhei num sono profundo, mas voltei à semiconsciência pelo som de vozes excitadas. Alguém me sacudia. Abri as pesadas pálpebras e lá estava Mutti sorrindo para mim. Eu nunca realmente duvidara de que iríamos nos reencontrar, mas por estranho que pareça a minha reação foi de intensa raiva. Que tolice dela ter perdido toda a diversão, boa comida e companhia. Sentei-me e comecei a criticá-la, soltando toda a minha frustração, com as lágrimas correndo pela face dela. Então, finalmente, nos abraçamos e fomos dormir, reconciliadas.

22

A jornada de Mutti

Pude ouvir os gritos de pânico de Eva por um bom tempo, até serem abafados pelo barulho do trem acelerando e desaparecendo na distância. Parada sozinha nos trilhos, fiquei olhando, sentindo-me em choque e furiosa comigo mesma. Por que tinha sido tão covarde? Por que não pulara para as mãos estendidas? Senti-me profundamente miserável por estar mais uma vez separada de Eva.

Devagar, caminhei sobre os dormentes até uma estação bombardeada com o nome de Lemberg. Era bem grande e havia sido reparada em alguns pontos. Sabia que já tinha feito parte da Áustria, de forma que deveriam falar um pouco de alemão ali.

O saguão da estação estava cheio de gente, a maioria camponeses. Muitos estavam deitados, dormindo e roncando entre suas cestas e pertences. Atrás do balcão do bar da estação, uma mulher de aparência cansada bebericava café.

— Perdi minha filha — falei em alemão. — Ela estava naquele trem. Você pode me ajudar?

A mulher olhou para mim surpresa, mas deve ter percebido a minha perturbação e saiu de trás do balcão, fazendo com que eu me sentasse e ouvindo toda a minha história.

— Para onde você ia? — perguntou.

— Ouvi alguém dizer Chernivtsi — disse —, mas não tenho certeza.

— Espere aqui, enquanto vou ver o que consigo descobrir. — E desapareceu em busca do chefe da estação, mas minhas esperanças definharam quando voltou, balançando a cabeça. — A ferrovia inteira está em confusão. Ninguém sabe quando será o próximo trem ou para onde vai. Trens militares estão passando o tempo inteiro pela linha carregando russos, prisioneiros de guerra libertados, gente dos campos de concentração ou de trabalho. Você vai ter de esperar e ver o que acontece.

Bem, vou voltar para a minha Eva de um jeito ou outro, pensei. Estava determinada que seria assim.

O chefe da estação veio e me aconselhou a esperar na plataforma e embarcar no primeiro trem indo na direção de Chernivtsi. Enquanto isso, ofereceu um pouco de comida e café para me sustentar. Foi o início da minha experiência com a notável generosidade de pessoas que haviam sofrido todas as privações e dificuldades da guerra. Fui receptora de muitos atos simples de humanidade que me tocaram profundamente e restauraram minha fé e coragem. Eu não podia dar nada em troca, exceto agradecer, e é algo que jamais esquecerei.

Sentei na plataforma, sentindo o ar fresco da tarde, e esperei. Estava muito quieto, e os meus pensamentos voaram para o leste, para Eva. Graças a Deus ela estava em segurança. Pelo menos minha filha teria a companhia de Rootje e Kea. Na pior das hipóteses, nos reencontraríamos em Amsterdã. E, então, meus pensamentos voltaram-se para o oeste, para Erich e Heinz. Se a guerra terminasse rápido, eles retornariam para casa e esperariam por mim.

Dei-me conta de quanta sorte eu tinha, lembrando-me de Rootje, que estava imersa em preocupações pela filha, Judy, no campo de trabalho, e da pobre Sra. Frank, que morrera de desespero nos braços de Rootje quando as duas filhas foram transportadas para fora de Birkenau. Quando comecei a ouvir o ruído da locomotiva chegando, sentia-me bem calma e quase pronta para a aventura.

Era um trem de transporte russo cheio de caminhões e jipes presos em vagões abertos. Soldados russos saltaram para o chão quando ele se aproximou da estação. Eu falava fluentemente alemão, francês e holandês. Também sabia um pouco de inglês, mas nada de russo, de modo que a senhora do bar veio e serviu de intérprete. Um oficial confirmou que, durante parte do caminho, iriam na direção de Chernivtsi, e me ajudou a subir e entrar num dos jipes. Sentei-me no lugar do motorista, fingindo dirigir, e todos nós rimos juntos. Ele disse algo, subiu e sentou-se ao lado. Imaginei que queria saber de onde eu vinha, então disse:

— Auschwitz, mas antes disso Holanda.

Ele sorriu e ficou bastante excitado.

— *Ahh, da, Ollandia!* — exclamou, segurando um pincel imaginário no ar. — Rembrandt, Franz Hals, Vermeer! — E então apertou a minha mão em êxtase.

Pouco antes de o trem partir, ele trouxe um pão rústico, alguns ovos cozidos e — o maior luxo de todos — um pedaço de carne cozida. Comi avidamente, e ele pareceu contente. Quando tirei o lenço da cabeça para embrulhar a comida para mais tarde e revelei o cabelo cortado rente dos prisioneiros dos campos, ele deu um tapinha no meu braço e indicou que eu devia deitar no banco e dormir um pouco. Então, me deixou. Não dormi muito bem, preocupada com a possibilidade de ser esquecida e perder minha parada.

O trem viajou por toda a noite. Ao amanhecer, quando parou, um jovem soldado abriu a porta do jipe e gesticulou para eu sair. Quando o trem foi embora, fiquei novamente sozinha na plataforma, sem saber onde estava ou o que fazer. Não havia ninguém por perto, e tudo era silêncio. Na distância, ouvi um galo cantando, seguido, quase imediatamente, pelo longínquo barulho de outro trem chegando à estação.

O ruído do motor a vapor foi crescendo até o trem chegar e parar na estação. Era um trem de viagens longas, com compartimentos e um corredor cheio de soldados, que desceram para esticar as pernas, rindo e fazendo piadas. Mal pude acreditar nos meus ouvidos. Eles falavam inglês!

Perguntei para onde iam. Responderam que eram prisioneiros de guerra ingleses libertados pelos russos e a caminho de um navio que os levaria de volta para casa. Eu disse que também havia sido libertada pelos russos e eles ouviram a minha história com assombro. Não tinham a menor ideia sobre campos de concentração ou câmaras de gás. Quando acabei de contar tudo, estava chorando e insistindo que tinha de encontrar Eva. Um deles possuía um mapa e, juntos, procuraram Chernivtsi para mim. Não iam para lá, mas sugeriram que eu viajasse junto parte do caminho, até encontrar outra conexão. Dois deles me ajudaram a embarcar e sentei-me, agradecida, na poltrona.

— Eu me sinto tão suja — desculpei-me. — Estou viajando há dias. Existe algum lugar no trem em que eu possa me lavar?

— Espere aqui, minha querida — disse um soldado, mandando um outro sair e voltar com uma vasilha de água quente, sabão e uma toalha.

Com o trem começando a se mover, todos os soldados cavalheirescamente saíram da cabine para esperar no corredor enquanto eu me limpava. Fiquei muito emocionada com a cortesia deles em me tratar novamente como uma dama.

Mais tarde, contei-lhes que meus pais, minha irmã e sua família moravam em Darwen, perto de Manchester, e perguntei se era possível escrever uma carta para ser postada na Inglaterra. Alguém deu-me um lápis e um bloco de notas e, ali, no compartimento balançante, escrevi a primeira carta para a família em quase três anos — cerca de dois anos escondida e nove meses em Auschwitz —, contando que Eva e eu havíamos sobrevivido. Entreguei a carta a um soldado, que a dobrou e guardou cuidadosamente no bolso do uniforme, prometendo postar no minuto em que chegasse em casa. Soube alguns meses depois que a carta, de fato, fora enviada. Pouco depois, nossas rotas se dividiram e eles me deixaram numa estação pequena chamada Kolomea, que também fizera parte da Áustria. Fiquei triste por me separar desses *gentlemen* ingleses.

Era por volta do meio-dia, mas tudo parecia deserto. A área ao redor estava devastada: todos os prédios encontravam-se danificados, e muitos, abandonados. Saí da estação e perambulei pelas ruas procurando alguém para me ajudar. Somente umas poucas idosas passaram, mas, então, vi um homem barbudo, levemente curvado, caminhando na direção de uma casa fortemente bombardeada, com apenas o andar térreo e o porão intactos. Decidi abordá-lo.

— Preciso de ajuda — falei. — Você pode me ajudar?

Ele olhou para mim, e seus olhos penetrantes e gentis reluziram com piedade.

— *Shalom*. Vou ajudá-la se puder — respondeu.

O homem me conduziu até o porão do que havia sido sua casa. No centro, havia uma mesa velha e cadeiras, utensílios de cozinha estavam empilhados no chão, com lençóis e cobertores guardados num lado. A jovem mulher parecia exaurida, mas conseguira cozinhar uma refeição modesta num fogo num canto. Ela me cumprimentou com uma surpresa afável, insistindo para que eu comesse com eles. Durante a refeição, trocamos nossas histórias. Eles também eram judeus que haviam acabado de regressar da Rússia, para onde fugiram dos alemães. Ficaram chocados quando contei minha história dos tormentos e horrores dos campos de concentração.

Não haveria trens no dia seguinte e, assim, insistiram para que eu ficasse com eles, compartilhando das suas pobres acomodações até que descobrissem exatamente quando chegaria um trem para a Rússia. Numa cama improvisada de cobertores e trapos, caí num sono exausto.

Na manhã seguinte, fui levada para uma casa em melhores condições, onde famílias judias viviam juntas provisoriamente até que pudessem recuperar suas casas e posses. A notícia de minha chegada espalhara-se, e muitos vieram me conhecer e ouvir a minha história. Embora circulassem rumores, ninguém sabia exatamente o que acontecera em Auschwitz e muita gente não conteve o choro quando contei sobre as câmaras de gás e os fornos.

Fiquei emocionada com o respeito com que fui tratada. Não apenas me ofereceram comida — tudo o que eu conseguisse comer —, mas também fizeram uma coleta para me ajudar no caminho. Sentada ali com o dinheiro nas mãos, fui tomada pela emoção.

Passei todo o dia com essas pessoas boas e voltei para a cama no porão para dormir. De manhã, fui acordada pelo meu anfitrião, que me levou à estação para me juntar a uma multidão vinda das cercanias que esperava para embarcar. Quando agradeci, ele meneou a cabeça e apertou minhas mãos.

— Que Deus a acompanhe — disse.

Ele partiu e pus-me a lutar para atravessar a montanha de passageiros que embarcavam nos vagões. Consegui subir os degraus altos e entrar num compartimento com bancos de madeira em que todos se apertavam. Pareciam fazendeiros ou lavradores, animados e espirituosos, carregando garrafas de vodca, das quais tomavam goles regulares. Alguém ofereceu-me a bebida, mas agradeci polidamente, balançando a cabeça. Na verdade, o odor era tão forte que eu estava me sentindo tonta.

O trem sacolejou por muitas estações, em que passageiros desciam ou embarcavam, sem que ninguém prestasse muita atenção a mim, de modo que passei a me sentir mais sozinha do que nunca. Não tinha ideia de para onde ia e já estava escuro quando o trem parou e todos desceram. Mais uma vez, fiquei parada numa plataforma de estação sem saber o que fazer em seguida.

Um soldado russo saiu das sombras com um cigarro nas mãos. Ele olhou para mim e o encarei, ansiosa. Apontei para o meu cabelo curto e acenei. Ele se aproximou e disse algo em russo, mas não conseguíamos nos comunicar — *O russo é uma língua tão incompreensível*, pensei.

De repente, a fadiga e a tensão da jornada me deixaram tonta e comecei a perder o equilíbrio. Num segundo, ele estava ao lado para me apoiar. Com o braço ao meu redor, conduziu-me da estação para uma casa nas proximidades evidentemente usada como alojamento militar. Entramos num escritório, e vários oficiais meneavam a cabeça enquanto ele falava. Os russos tentaram me interrogar, um interrompendo o outro quando achava que tinha entendido o que eu queria. Mas era inútil, nenhum deles era capaz de compreender o que eu dizia.

Então, tive uma ideia. Havia um grande mapa na parede atrás da escrivaninha maior, e, assim, procurei por Chernivtsi. Apontei para mim mesma, então para o local e, por fim, para o número no meu braço. Eles enfim pareceram compreender e concordar entre si.

— Ah, Chernivtsi, *Da!*

Um soldado foi encarregado de me levar a uma cantina cheia de homens conversando e fumando. Despertando o interesse dos colegas, ele me sentou e colocou chá e um ovo mexido na minha frente. Eu nunca vira nada parecido antes, mas o gosto era bom. Mais tarde, soube que era ovo em pó, um novo tipo de produto que os americanos haviam mandado em grandes quantidades para a Rússia. A sala estava cheia de fumaça. Fiquei observando os soldados rasgarem pequenas tiras de jornal, nas quais enrolavam tabaco, e as acendiam com grande prazer, inalando profundamente e soltando grandes nuvens de fumaça.

Não pode ser muito saudável, pensei, mas eles pareciam um quadro de saúde perfeita, com suas compleições robustas e róseas.

O meu amigo sentou-se e esperou-me comer e beber avidamente. Depois, gesticulou para que o seguisse por uma viela escura. Não tinha ideia do que esperar.

Fui levada a uma casinha. Ele bateu e esperou até a porta ser aberta por uma mulher cujos olhos brilharam quando explicou a situação e indicou o que ela devia fazer por mim. Uma criança com cerca de 3 anos agarrava-se à sua saia, e atrás dela, em frente à lareira, havia uma carcomida mãe numa cadeira de balanço. A mulher meneou a cabeça e sorriu ao me receber em sua casa.

Olhei ao redor, espantada. Era a sala mais limpa e arrumada em que já estivera, como se fosse uma casa de boneca. Toda a bela mobília reluzia de limpa. Em todas as partes, nas duas camas nos cantos e nas cadeiras e nos bancos, havia almofadas bordadas em cores vivas. A toalha da mesa também era bordada, havia tapetes feitos à mão no chão de madeira, quadros de santos nas paredes brancas e plantas nas janelas. Uma porta conduzia a uma pequena e arrumada cozinha, onde panelas e potes lustrosos pendiam de ganchos. Parecia-se tanto com uma casa de conto de fadas que pensei estar sonhando.

A mulher logo rearranjou as camas. A senhora idosa foi colocada numa, e ela me ofereceu a outra, instalando-se com a menininha no chão. Fiquei deitada olhando o brilho da lareira, pensando em Eva e em quando nos reuniríamos de novo, até que finalmente adormeci. Acordei no meio da noite, com o soldado batendo na porta e gesticulando para eu segui-lo até a estação.

O trem já estava ali, cheio de camponeses e mulheres segurando grandes cestos de comida, alguns com galinhas vivas, a caminho do mercado. O soldado falou de mim para eles e esperei que tivesse dito que eu deveria desembarcar em Chernivtsi. Ele ficou parado, sorrindo e dando adeus para mim enquanto o trem saía da estação. O trem andou até o amanhecer, quando enfim chegou a uma estação com o sinal CHERNIVTSI, que felizmente consegui ler, já que não estava escrito em russo. Eu chegara.

O funcionário da bilheteria entendia alemão e disse que havia gente de um campo de concentração hospedada numa escola perto.

Andei pela rua principal quando começava a clarear. Um grupo de pessoas se dirigia à estação, e perguntei-lhes, em alemão, onde ficava a escola. Uma mulher me acompanhou pela rua e apontou para um prédio grande. Quase corri para lá, tomada pela alegria.

Porém, não estava preparada para a recepção que tive de Eva. Ela dormia num colchão e, quando a acordei, estava bastante furiosa comigo.

— Onde você estava? — gritou. — Eu nunca mais deveria deixar você sair do trem.

Fiquei profundamente aturdida e senti lágrimas escorrendo pelo rosto. Quando Eva finalmente parou de gritar comigo, entrei embaixo da colcha com ela e prometi:

— Nunca mais vamos nos separar. — Estivéramos afastadas por toda uma semana.

23

Odessa

[Continuação da história de Eva]

13 de abril de 1945 — Viena é liberada pelos russos

A neve desaparecera, o sol brilhava com mais calor e as árvores começavam a dar flores. Todo dia íamos ao mercado aberto de alimentos, aonde fazendeiros levavam sua produção. A maioria dos moradores locais trocava mercadorias, em vez de pagar com dinheiro — porcelana ou têxteis, até mesmo pequenas peças de mobília eram usadas para se obter comida. Várias vezes os camponeses me ofereceram uma galinha pelas minhas excelentes botas de couro, mas me recusei a abandoná-las tão cedo. Mutti recebera algum dinheiro, e agora podíamos comprar comida se precisássemos. Vimos e provamos algo que nunca tínhamos comido. O sabor parecia com creme de leite azedo, era suave como veludo e se chamava *smetena*. Uma delícia.

Estávamos muito bem em Chernivtsi, mas todos se preocupavam com os parentes. Tínhamos a esperança de que a Cruz Vermelha fizesse contato o mais rápido possível com informações sobre eles. Eu vira novamente o pai de Anne, Otto Frank, durante a viagem de Katowice a Chernivtsi, de pé sozinho numa das paradas. Ele parecia cansado e triste. Mutti estava comigo e pediu para ser apresentada. Sabia que Otto acabara de ser informado por Rootje que sua mulher morrera, e sentia muita pena dele. Fomos até ele, e os dois trocaram palavras cordiais, mas não havia como consolá-lo e Otto não tinha interesse em nada. Parecia querer ficar isolado e sozinho com o seu luto.

Mutti sentia-se fraca — ainda tinha febre —, então, em Chernivtsi fomos ao hospital local. Os médicos e as enfermeiras foram prestativos e atenciosos, tirando raios X e a examinando detalhadamente. Ficamos aliviadas em saber que não havia nada de errado com os pulmões, mas ela contraíra tifo, que, em condições normais, desapareceria com o tempo.

16 de abril de 1945 — Tropas dos EUA chegam a Nuremberg

Veio a notícia de que seríamos transferidas para o sul. Dessa vez, após quatro dias viajando de trem da maneira usual, chegamos a Odessa, uma importante cidade portuária e turística no mar Negro. Para nós, era um mundo diferente. Quando o trem entrou na cidade, pudemos ver elegantes mansões e vilas em terrenos verdejantes. O clima era bem mais ameno, e as árvores estavam cheias de folhas.

Só havia um caminhão disponível para transportar os mais fracos, e, assim, precisamos andar até o novo lar. Soldados organizaram as pessoas, mais ou menos cem, em grupos e disseram que o local ficava a cerca de 2 quilômetros. Após uma hora, quando começamos a nos cansar, ouvimos palavras de incentivo para continuar:

— Só mais meia hora.

E, depois disso, eles disseram:

— Vamos, só mais 15 minutos.

Tivemos permissão para descansar um pouco. Então, eles alegremente falaram:

— Só mais um quilômetro e estaremos lá!

Qual era o tamanho de um quilômetro russo? Nós andamos até cobrirmos pelo menos 10 quilômetros, levando quatro horas!

Estávamos exaustos. Cada pedaço do corpo doía quando entramos numa propriedade que no passado havia sido a residência de verão de um príncipe russo. Para mim, era como o paraíso na Terra. O terreno continha várias casas menores e charmosas, usadas por parentes do czar. Agora, todas se achavam ocupadas por prisioneiros de guerra libertados, com cada vila abrigando um diferente contingente — australianos, italianos, franceses. Mas o nosso grupo judeu teve o privilégio de ser instalado no principal palacete. Ainda assim, não havia mobília, e mais uma vez voltamos aos colchões no chão; mas que chão de parquete elegante! Os tetos apresentavam pinturas de cenas gloriosas e toda a decoração era ornada e opulenta. Jamais fui hospedada em tal esplendor, e fiquei bastante impressionada!

Fomos alertados para não sairmos da propriedade e nem irmos à cidade, mas tivemos permissão para caminhar e explorar o terreno. Nos primeiros dias, sentíamo-nos tão exaustos da viagem que obedecemos com alegria.

Ao relaxar diariamente sob o sol, olhando para o azul profundo do mar Negro, começamos a nos recuperar e a descartar o jugo da mentalidade de prisão. Meu corpo ganhava peso e minha energia deu um grande salto. Num momento do passado, Mutti mal conseguira se manter viva. Agora, também ela ficava mais forte e mais atraente.

Por fim, começamos a ser dominadas pela curiosidade. Certa manhã, Mutti disse:

— Sabe, nunca vamos ter outra chance de visitar Odessa.

— Então vamos explorá-la? — perguntei. Pareceu uma ótima ideia na hora.

— Não ligo mais tanto para regras. — Mutti sorriu. — Então vamos!

Caminhamos casualmente pela propriedade até encontrarmos um ponto deserto perto de uma estrada externa. Assegurando-nos de que não havia ninguém por perto, atravessamos os arbustos e começamos a andar na direção da cidade.

O desjejum de chá preto doce, pão de milho e geleia de ameixa ainda estava quente dentro de nós enquanto caminhávamos lado a lado por vias no campo, rumo à estrada principal. Logo, pudemos ouvir sons de tráfego e o barulho de um bonde elétrico indo na direção da cidade. No ponto, esperamos, nervosas, junto aos moradores locais. Tentamos identificar onde estávamos, mas todas as placas das ruas eram numa estranha escrita russa que achamos impossível de ler, quanto mais entender! Contudo, notamos que a vila em frente tinha um portão de ferro ornado e várias árvores floridas, e resolvemos contar as paradas de cada lado do caminho.

O bonde chegou e entramos. Lotado e sem bancos, o bonde ia balançando na direção de Odessa. Foi uma viagem com odores tão estranhos. Todas as pessoas pareciam ter comido cebolas ou ervas exóticas no café da manhã!

— O que faremos se vierem cobrar? — indaguei, ansiosa.

Mutti estava preparada para tudo.

— Apenas teremos de falar em holandês e dizer que estamos sem dinheiro — disse, seca. — O que eles podem fazer conosco? — Deu de ombros. — Decerto não vão nos fuzilar!

Quando entramos na cidade, o bonde ficou ainda mais lotado, de modo que nenhum cobrador conseguiria chegar perto de nós, e a viagem transcorreu sem problemas. Cuidadosamente contamos cada parada. Concordamos em não passarmos de dez pontos e, então, descermos.

Paramos numa elegante praça arborizada que no passado fora o centro da burguesia rica. Muitos palacetes agora se encontravam vazios e abandonados, sobretudo por causa da guerra e também devido ao fato de os comunistas não se importarem em manter as residências do velho regime. Algumas casas estavam sendo usadas como hospitais, com ambulâncias trazendo soldados feridos. Mas os antigos jardins ainda abrigavam flores perfumadas e exuberantes plantas semitropicais. As árvores estavam floridas — num glorioso contraste com a total aridez da paisagem de Auschwitz. A atmosfera de luxo e glória permanecia, e ficamos imensamente empolgadas. Olhamos ao redor, decidindo qual caminho explorar.

— Não podemos nos separar nunca mais — eu disse, lembrando a Mutti para ficar junto de mim. — E também não podemos nos perder. Talvez devêssemos ir deixando pelo caminho pedrinhas para sinalizar, como João e Maria.

Mas Mutti tinha bastante confiança em ser capaz de reconhecer o caminho da volta.

Desfrutamos o passeio por várias horas, perambulando por Odessa e admirando as maravilhosas igrejas com cúpulas douradas. Gostamos de tudo o que vimos. Apenas parar diante das vitrines e olhar, embora não houvesse praticamente nada em exposição, já nos encheu de prazer.

Nossos estômagos se encarregaram de indicar a hora de voltar à praça.

— Eu disse que podia encontrar o caminho de volta com facilidade — falou Mutti.

— Mas qual bonde vamos pegar? — perguntei.

O problema era que não tínhamos a menor ideia! Pensamos que saberíamos, mas quando chegou a hora de enfrentar os estranhos sinais russos ficamos muito confusas.

— Este é o nosso bonde. — Eu apontei para o primeiro amarelo que parou.

— Não, não é — insistiu Mutti.

Assim, não entramos.

— O próximo vai ser o nosso — ela disse.

Mas, quando chegou, nenhuma de nós tinha certeza. Perdemos completamente a confiança e começamos a ficar bastante irritadiças uma com a outra. Não éramos capazes de concordar sobre qual era o nosso.

Eu estava ficando nervosa. Se pegássemos o bonde errado, jamais encontraríamos o caminho de volta para a base, e nem imaginávamos o nome do local ou em que parte da cidade ficava. Como fora estúpido não saber as localizações!

A cada bonde que vinha e ia, nós, na calçada, discutíamos acaloradamente.

— Teremos de confiar no acaso! — Mutti por fim disse, exasperada.

Embarcamos no bonde seguinte; algumas letras pareciam as mesmas do original. Quando a cobradora se aproximou, nós nos afundamos num banco de madeira. Mutti estendeu as mãos vazias e desenhou barras imaginárias no ar para indicar uma prisão. Então, nós duas erguemos as mangas e mostramos as tatuagens nos braços. Ela reagiu falando animadamente e sorrindo, mas não entendemos nada do que dizia e, assim, usamos a única expressão em russo que sabíamos, "*Ne pania maia*" (não compreendo). Ela meneou a cabeça e deixou-nos continuar a viagem.

Ficamos grudadas na janela para não perder o ponto. Acabáramos de contar nove quando a cobradora voltou e indicou que a próxima parada era a nossa. Descobrimos depois que dezenas de australianos haviam usado essa rota por várias semanas, e todos sabiam da nossa presença!

Os russos tinham nos proibido de sair da propriedade, provavelmente para o nosso próprio bem, mas tínhamos certeza de que não nos negariam a entrada. Com grande casualidade, caminhamos confiantes na direção da sentinela no portão e fingimos não notá-lo ao tentar passar. Ele não ia deixar assim! Estacou na nossa frente e começou a gritar palavras incompreensíveis em russo, balançando a cabeça de maneira enfática e apontando para a cidade. Ficamos com medo, porque ele obviamente estava bastante irritado conosco.

Ele nos agarrou com firmeza pelos braços e nos levou até um grande canil ao lado da portaria. Então, fez com que nos ajoelhássemos, empurrou-nos para dentro e trancou a porta. Ficamos olhando para ele com nossas caras chocadas através das barras.

A sentinela se inclinou, deu uma olhada em nós e saiu para a portaria. Segundos depois, voltou rindo alto, com dois ossos grandes, e os passou para nós pelas barras. Ficamos bastante ofendidas, mas não havia nada que pudéssemos fazer. Estávamos mais uma vez presas.

— A culpa é toda nossa — eu disse. Supus que era uma punição merecida por quebrar as regras. — Mas estou cansada e com fome — acrescentei, sentindo-me miserável.

— Bem, eu não gosto nem um pouco da ideia de passar a noite no canil! — disse Mutti.

Sentamos juntas, tentando nos consolar.

— Pelo menos nossas vidas não estão em perigo, Mutti.

— Se esse for o nosso pior castigo, nossa pequena excursão terá valido a pena, não?

— Valeu bastante! — concordei.

Nossa ausência na vila estava deixando Rootje, Kea e outros preocupados. Quando descobriram que estávamos no canil, vieram todos para ver, e morreram de rir da nossa situação. Entendemos o lado engraçado da coisa e tudo acabou sendo um castigo razoavelmente bem-humorado!

— Mas estamos *morrendo de fome*! — eu disse.

Kea voltou para buscar um pouco da comida que guardávamos nos quartos. Tínhamos muita cautela em relação à comida, ninguém jamais deixava os restos voltarem para a cozinha; continuávamos obcecados com a necessidade de esconder comida como esquilos, porque quem sabia que emergências poderiam surgir no futuro? Tivemos de ficar no canil por umas duas horas, mas estávamos razoavelmente confortáveis e comemos pão, queijo e ovos cozidos, pensando em como éramos sortudas.

21 de abril de 1945 — O Exército Vermelho chega à periferia de Berlim

A partir daí, decidimos ser meninas comportadas! Também porque na manhã seguinte nos reuniram para dar-nos roupas decentes. Tendas especiais foram montadas no gramado, com chuveiros de campanha, e fomos encorajados a tomar um bom banho. Todos estavam de tão bom humor que nos despimos sem que precisassem insistir muito — para grande diversão dos homens, incluindo os soldados. Uma ou duas mulheres mais idosas ficaram constrangidas e acharam que não era de bom-tom, mas eu não liguei nem um pouco.

Após a chuveirada, recebemos calcinhas limpas e fomos a outra tenda, onde havia uma longa mesa com uma pilha de sutiãs. Numa cadeira na entrada havia um soldado russo sentado. Parecia que ele estava no paraíso! A cada uma que passava, ele estendia as duas mãos em concha e dava uma boa segurada para avaliar o tamanho. Quando ficava seguro sobre a medida, gritava para o colega "pequeno" ou "médio"! Então, esse cavalheiro vasculhava a pilha até encontrar um sutiã de tamanho adequado, o qual tinha grande prazer em nos vestir, prendendo o fecho nas costas e apalpando o caimento na frente com as duas mãos.

Hilariantes ataques de risadinhas e gargalhadas de todos os lados deixaram o ambiente animado, e não me senti envergonhada ou constrangida. Essa era a essência do caráter desses homens. Eram pessoas gentis, decentes, genuínas e naturais, e não fizeram com que nos sentíssemos indecentes. Estávamos todas estranhamente contentes por vestir sutiãs após tanto tempo. Sentimo-nos civilizadas outra vez.

Após essa diversão, recebemos blusas verde-oliva com foices e martelos decorativos nos botões, e saias combinando. Era o uniforme das soldadas, e sentimos muito orgulho em usá-lo. Caso quiséssemos abandonar nossos sapatos gastos, havia uma pilha para escolhermos e, de súbito, dei-me conta de que se pudesse pegar um par poderia trocar as botas — talvez por uma galinha.

À tarde, estávamos todas bem-vestidas para dar uma volta no parque e nos exibir. Mutti queria falar inglês e, então, fomos até os australianos libertados. Eles formavam um grupo alegre e otimista, ansiando por voltar para a Austrália e seus rebanhos de ovelhas. A Cruz Vermelha os mantinha abastecidos com coisas boas, como chocolate e *corned beef*, os quais estavam sempre prontos para dividir conosco.

Para minha surpresa, um soldado alto e bonito, que parecia um astro do cinema em seu uniforme australiano e boina, desenvolveu uma grande afeição por Mutti. Não parava de oferecer-lhe doces e outras iguarias. Disse que se chamava Bill.

— Que tal você vir até o meu alojamento esta noite? — convidou, languidamente.

— Acho que não — disse Mutti, olhando para mim.

— Você não precisa vir com a filha — ele sugeriu.

Mas Mutti não queria semelhantes aventuras e, quando o visitamos, eu fui de dama de companhia.

Houve vários encontros nos dias seguintes, e ele começou a ficar bastante sério. Sentava comigo e Mutti em frente à vila, planejando levar-nos até sua fazenda de ovelhas e chegando a dizer que mandaria nos buscar na Holanda. Bill queria fincar raízes. Era fazendeiro, ainda havia escassez de mulheres na Austrália e ele achava que era uma boa oportunidade para nós duas olharmos para o futuro e nos estabelecermos lá em segurança.

— Case-se comigo, Fritzi — Bill pediu-lhe. — Eu vou cuidar de vocês duas.

Mutti, naturalmente, ficou bastante envaidecida, mas tentou fazê-lo compreender que tinha um casamento feliz.

— Você pode ser uma viúva, Fritzi — ele alertou —, e, então, eu virei buscá-la. Lembre-se disso!

25 de abril de 1945, 16h40 — Patrulhas da 69ª Divisão de Infantaria dos EUA encontram-se com elementos avançados da 58ª Divisão da Guarda Russa em Torgau, no Elba — o sul e o norte da Alemanha são divididos em dois

26 de abril de 1945 — Bombas russas caem na Chancelaria de Berlim

Uma tarde, alguns gazeteiros vieram dizer que tinham ido nadar no mar. Atormentei Mutti para irmos também, e, como não havia maiôs, ela costurou uma espécie de biquíni com dois panos de prato, e nos juntamos ao próximo grupo extraoficial misto. Caminhamos pela avenida até darmos de encontro com o mar azul-celeste estendendo-se além das areias douradas. Era um dia maravilhosamente quente, e mal pude esperar para colocar o meu biquíni-pano de prato e correr para a água. Os homens do nosso grupo tiraram toda a roupa e atiraram-se no mar, comigo logo atrás.

Mutti nadou cachorrinho e eu nadei em volta sentindo-me eufórica e livre. Ela ficou tão emocionada de me ver de novo desfrutando o prazer de viver que, no caminho de volta, me disse:

— É como se a vida estivesse voltando ao mundo, e você ainda está aqui para aproveitá-la.

Mas então ficamos introspectivas, pensando em todos os outros que não sobreviveram, e a saudade de Heinz e Pappy ficou maior do que nunca. Voltamos, dolorosamente conscientes de que poderíamos nunca mais tornar a vê-los.

28 de abril de 1945 — Mussolini e sua amante, Clara Petacci, são executados

30 de abril de 1945 — Hitler e Eva Braun suicidam-se

24

Repatriação

7 de maio de 1945 A Alemanha rende-se incondicionalmente
8-9 de maio de 1945 Os canhões param de atirar na Europa

A guerra terminou. Os Aliados marcharam em Berlim. Houve grande júbilo na propriedade. Todos agradeceram a Deus, depois aos Aliados, depois aos russos e depois, de novo, a Deus! Vodca foi distribuída livremente, e, então, todos nós ficamos bastante bêbados; houve muita dança, muita cantoria e gente fazendo amor, também.

Os russos organizaram para nós a melhor comemoração que conseguiram. No fim da semana, chegou uma trupe de cantores de ópera, bailarinos e músicos. Montaram um palco no salão de bailes da mansão e fizeram uma magnífica apresentação. Sentamos no chão, completamente encantados. Foi o primeiro espetáculo de balé que vi na vida e jamais imaginei que algo tão puro e maravilhoso pudesse existir. A plateia, a qual os artistas devem ter achado uma das mais insólitas que já encontraram, ergueu-se ao mesmo tempo e deu-lhes possivelmente a maior ovação que receberam em suas carreiras. Nossos vivas e aplausos duraram séculos, e lágrimas de alegria correram até mesmo pelas mais duras faces. Foi uma noite que jamais esquecerei!

11 de maio de 1945

Meu aniversário de 16 anos! O sol brilhou o dia inteiro. Não houve festa, mas eu fiquei muito feliz. Kea fez para mim um delicado colar com conchas da praia, e Bill me deu uma enorme barra de chocolate. A paz era o melhor presente que eu poderia ter, exceto por notícias de Pappy e Heinz.

Com o decorrer dos dias, os diferentes grupos foram ficando inquietos. A guerra acabara e todos queríamos voltar para casa. De fato, uma tarde, quando fomos visitar nosso amigo australiano, Bill, encontramos a casa totalmente vazia. O contingente inteiro partira sem se despedir!

Por um lado, estávamos tristes, mas compreendemos que esforços estavam sendo feitos agora para nos devolver aos nossos países, e a perspectiva de reencontrar a família nos excitava por demais.

Não tivemos de esperar muito. Em 19 de maio, o navio de transporte de tropas neozelandesas SS *Monoway* ancorou no porto de Odessa e iniciou os preparativos para nos embarcar para a repatriação.

Várias centenas de pessoas se reuniram em frente à vila para serem levadas ao porto. Formávamos um grupo variado: homens e mulheres que sobreviveram aos campos de concentração, prisioneiros de guerra franceses e italianos libertados, operários holandeses e belgas sequestrados pelos alemães para serem usados como mão de obra em fábricas de munições e muitos trabalhadores voluntários de diversos países. Tínhamos uma coisa em comum — todos queríamos ir para casa.

O grande casco cinza do SS *Monoway* estava à vista no porto. Para nós, sua presença serena e sólida parecia um bastião da democracia e civilização ocidentais. Era nossa nau da liberdade.

Oficiais navais em uniformes brancos aguardavam no convés o nosso embarque. A única bagagem era a que levávamos nos braços, e Mutti e eu ainda nos agarrávamos com firmeza às nossas colchas. Embarcamos atrás de Rootje e Kea e, ao pisarmos a bordo, fomos recebidas por um oficial que apertou nossas mãos e chamou-nos de "madames". Kea e eu ficamos deliciadas!

As mulheres foram alocadas em cabines dos conveses A e B; os homens teriam de dormir em redes em andares inferiores. Um comissário de bordo nos levou a uma cabine com quatro leitos no deque B, pediu para nos instalarmos confortavelmente e disse que o almoço seria servido no salão de refeições em uma hora.

Kea e eu imediatamente subimos nas camas superiores para experimentá-las. Havia travesseiros de penas macias, um luxuoso colchão coberto com lençóis brancos passados e cobertores quentes. Joguei o meu precioso edredom de penas para Mutti guardá-lo em segurança no armário. Ela sentou-se em silêncio na cama. Nós todas estávamos tão emocionadas que mal conseguíamos falar.

Tratamos de nos colocar da maneira mais apresentável possível e, então, fomos para o salão de refeições. Ao atravessarmos a porta do restaurante, vimos que cada mesa estava coberta com uma impecável toalha branca, talheres de prata, porcelanas e copos reluzentes. Fiquei sem fôlego. Apenas algumas semanas antes estávamos bebendo em canecas de lata. Mutti não conteve as lágrimas ao ver a cena. Ficamos bastante tocadas por de novo estarmos sendo tratadas como seres humanos.

Em cada prato havia um pãozinho branco e um guardanapo branco primorosamente dobrado. Assim que sentamos, agarramos os pãezinhos e os comemos. Era o primeiro pão branco que víamos em anos. Os comissários observaram impressionados essa peculiar seleção de passageiros engolindo a comida sem ligar para as boas maneiras. Mas eles gentilmente trouxeram mais pães. Serviram, então, uma nutritiva refeição ao estilo inglês: sopa, legumes e empadão de carne, seguidos por torta. Mesmo após um banquete desses, com todos completamente empanturrados, todo mundo levou um pãozinho extra para a cabine — só para garantir!

Fomos para o convés após o almoço e descobrimos que já navegávamos no mar Negro rumo à Turquia. O sol cintilava na água azul-celeste, e fiquei no parapeito observando a terra verde e suas vilas brancas transformarem-se num borrão cinza. Senti-me triste por deixar um país que aprendera a amar. Mal tivera tempo de dizer adeus a pessoas por quem nutria a mais profunda gratidão e a mais elevada estima. Sabia que jamais as esqueceria.

Apesar da comida nutritiva, servida a intervalos regulares, todos escondiam porções de pão, frutas ou queijo (qualquer coisa!) em suas cabines até finalmente o capitão anunciar pelos alto-falantes que não era necessário se preocupar — havia bastante comida a bordo, e tudo o que precisávamos fazer era pedir — e que, por favor, não levássemos mais para as cabines, porque representava um risco à saúde. Todos nos sentimos um pouco tolos e envergonhados.

A viagem durou sete dias e passamos o tempo tomando banho de sol no convés superior. Muitas mulheres aproveitaram para flertar com os oficiais. Entramos no Bósforo, o estreito com apenas algumas centenas de metros de largura, com a Europa de um lado e a Ásia do outro. As colinas da Turquia apresentavam uma exuberante vegetação sulista. Na distância, minaretes refletiam a luz do sol. O SS *Monoway* majestosamente atracou no porto de Istambul.

Como havia o temor de que pudéssemos transmitir infecções, não recebemos permissão para desembarcar, mas os cônsules-gerais de todos os países envolvidos subiram a bordo e ofereceram-se para enviar telegramas a nossos parentes.

Mutti sentou-se e escreveu uma mensagem aos pais e à irmã em Lancashire: "Estamos vivas e a caminho da Holanda. Amamos todos vocês, Fritzi e Eva."

A Cruz Vermelha veio a bordo para montar listas com os sobreviventes e registramos os nossos nomes. Estávamos no primeiro grupo a ser enviado do leste e rezamos para que Pappy e Heinz fossem notificados de que estávamos bem.

Com tempo magnífico, deixamos a costa da Turquia para navegar pelo estreito de Dardanelos, através do Mediterrâneo, até o sul da França. O navio atracou em Marselha ao meio-dia de 27 de maio. Enchemos o convés, espremendo-nos contra o parapeito para ver duas bandas marciais devidamente paramentadas tocar a Marselhesa. Foi um espetáculo maravilhoso; nossos corações bateram forte e os olhos ficaram úmidos de emoção. Acenamos com tudo o que havia à mão — sobretudo guardanapos roubados! —, demos vivas e gritamos até ficarmos roucos de prazer.

Ao desembarcarmos, a multidão à espera bateu palmas. Porém, no navio havia conosco um grupo de operários que tinham se oferecido como voluntários para fabricar munições para os alemães e que também estavam sendo repatriados para o leste.

Quando começaram a descer, a multidão fez silêncio e deu-lhes as costas. Sempre me perguntei como sabiam que essas pessoas não mereciam seu aplauso.

Nosso grupo foi recebido por um comitê de recepção instalado a mesas no cais. Eles tentavam estabelecer quem éramos e para onde desejávamos ir. Como nem todos falavam francês, houve muita confusão, e Mutti ofereceu-se para ficar e ajudar como intérprete. Dessa vez, não temi me separar dela. Caminhões nos levaram para hotéis, onde nos fartamos com extraordinários pratos e vinhos franceses. Bebi pelo menos três taças, ficando muito alegre e, mais tarde, muito tonta!

Eu continuava obcecada com comida e, quando Mutti chegou ao hotel, três horas depois, gritei:

— Por que demorou tanto? Você perdeu toda a comida! — Estava tão embriagada que mal podia falar.

Mutti parecia simplesmente exausta.

Nessa mesma noite, embarcamos num trem com compartimentos, corredores e banheiros adequados, indo para o norte, na direção de Paris. Durante a viagem, paramos mais ou menos a cada meia hora — em Aix-en-Provence, Avignon, cada estação no caminho. Em algumas delas, haviam levantado forcas, e bonecos de palha de Hitler balançavam na brisa. Em todas as estações, a população local aparecia para nos saudar, dando-nos flores e garrafas de vinho. Ofereciam também bolos, queijos e baguetes, em quantidades suficientes para todos. Autoridades locais, com chapéus e correntes saindo dos bolsos, esperavam nas plataformas, enquanto bandinhas tocavam um animado repertório com alegre desconsideração por quem quer que estivesse tentando dormir. Achamos as recepções preparadas pelos franceses magníficas e que eram todas para nós. Foi só depois de passarmos por Paris, quando as cerimônias formais se reduziram, que percebemos que prisioneiros de guerra franceses de regresso também estavam no trem e que as boas-vindas eram para eles.

Os transportes ainda estavam muito desorganizados. Continuamos o lento avanço para o norte pelo próximo dia. O trem atravessou a Bélgica e, finalmente, entrou na Holanda por Maastricht. Então, parou. Não dava para seguir em frente. As pontes sobre os rios haviam sido explodidas durante o recuo nazista.

Cerca de sessenta de nós fomos abrigados num convento, e nos disseram que teríamos de esperar até que providências fossem finalizadas para podermos chegar às nossas casas. Havia pouca comida disponível, não tínhamos dinheiro, e nós, as poucas almas remanescentes que haviam sofrido as indignidades e os horrores dos campos, sentimo-nos terrivelmente abandonados. Não houve recepção na Holanda. Tivemos de nos virar à própria custa, e ninguém parecia querer ajudar. Os próprios holandeses haviam sofrido imensamente e também estavam exaustos e famintos. A tormenta da Holanda e o terrível sofrimento que tiveram que enfrentar apresentavam um enorme contraste em relação à fartura que vimos na França. Um caminhão chegou ao convento dois dias depois. Ficamos assistindo aos ocupantes descerem, sobreviventes enfraquecidos, quase famélicos, dos campos de trabalho. De repente, Rootje soltou um grito agudo de alegria e correu para uma garota tão magra que ela pôde pegá-la no colo como um bebê. Rootje carregou a filha nos braços, chorando, "Judy, minha Judy, meu nenê". Todos nós choramos de alegria por ela. Foi um reencontro miraculoso. Eu apenas queria que acontecesse o mesmo para nós, com Heinz e Pappy.

Tivemos de esperar vários dias, enquanto pontes de pontões eram erguidas sobre os rios, e então um vagão foi providenciado para nos levar a Amsterdã. Atravessamos os campos e vimos todos os danos que a guerra causara. Aqui e ali despontavam campos floridos e, ao nos aproximarmos da periferia da cidade, começamos a sentir uma crescente excitação.

Fomos levados para a Estação Central e nos despedimos com beijos e abraços dos demais integrantes do grupo. Prometemos a Rootje e Kea que manteríamos contato, mas naquele momento só conseguíamos pensar em descobrir o que havia acontecido com nossas próprias famílias.

25

HOLANDA

13 de junho de 1945

Na estação, funcionários da prefeitura anotaram nossos nomes e perguntaram para onde gostaríamos de ir. Não tínhamos parentes na Holanda e, assim, achamos que deveríamos contatar amigos que pudessem nos abrigar pela noite, até nos orientarmos. Pensamos em Martin e Rosi Rosenbaum. Embora ele fosse judeu, por ela ser uma austríaca cristã era possível que ainda estivessem vivendo em Amsterdã. Recebemos dinheiro para um táxi até a casa deles.

Martin abriu a porta e nos reconheceu imediatamente.

— Fritzi Geiringer! — ele sorriu, abraçando Mutti e, depois, a mim.

Martin nos fez entrar e disse que naturalmente poderíamos ficar. Então, nos deu a mais extraordinária das notícias. Rosi acabara de dar à luz um menino. Quem poderia imaginar? Isso me pareceu o maior de todos os milagres. Contra todas as chances, em meio a todas as privações e agonias da guerra, uma nova vida fora gerada. O bebê tinha apenas três dias de idade e ainda estava no hospital com a mãe.

Fomos visitá-la nessa noite. Rosi estava bastante orgulhosa do filho e tão surpresa com o nascimento quanto nós, mas não se sentia muito bem. Ela concordou com Martin que Mutti deveria ficar e ajudar a cuidar dela e do bebê quando ambos voltassem para casa.

Era uma época de austeridade. As árvores das ruas haviam sido cortadas para servirem como combustível, e muitas portas de madeira também tinham sido arrancadas. Não havia fornecimento de gás, de forma que não podíamos usar o fogão e tínhamos de encontrar madeira para o pequeno fogão a lenha. Havia muito pouco o que comer. Decidimos procurar os Reitsma, que tinham as chaves do armazém secreto de comida que montamos antes de irmos para a clandestinidade.

Eles ficaram bastante felizes em ver-nos mais uma vez. Como Martin e Rosi, não haviam sido deportados pelos alemães e sobreviveram às dificuldades da guerra. Nosso estoque secreto de comida os salvara em períodos de quase inanição, mas agora infelizmente não restava mais nada. Floris, o filho, permanecera escondido durante a ocupação e agora estava matriculado na Universidade de Amsterdã. Os dois pareciam velhos e frágeis, mas a Sra. Reitsma estava animada porque acabara de ser comissionada pelo governo holandês para desenhar os selos postais comemorativos da libertação. Ela nos mostrou as matrizes em cobre que vinha fazendo e prometeu me dar lições de arte quando nos estabelecêssemos de novo.

No dia seguinte à volta de Rosi com o bebê para casa, ouvi uma batida na porta da frente e encontrei Otto Frank parado ali. O terno cinza estava bastante folgado no corpo alto e magro, mas ele parecia tranquilo e digno.

— Temos visita — eu disse, fazendo-o entrar.

Ao ver Mutti, ele estendeu a mão para ser apresentado.

— Mas nós já nos conhecemos — ela disse. — No caminho para Chernivtsi.

Ele balançou a cabeça. Seus olhos castanhos estavam fundos e tristes.

— Não me lembro — afirmou. — Peguei o seu endereço na lista de sobreviventes. Estou tentando rastrear o que aconteceu com Margot e Anne.

Ele estava desolado por ainda não as ter encontrado, mas sentou-se e conversou muito tempo com Mutti, que ficou com a confiança fortalecida. Ela contou-lhe que estava ansiosa por Heinz e Pappy e que tentava recuperar o nosso apartamento de volta. Outros inquilinos ocupavam o número 46 da Merwedeplein, mas o local continuava alugado no nome de um amigo não judeu. Otto disse que se hospedara com Miep Gies e seu marido — que haviam ajudado a esconder os Frank durante a guerra —, perto da Merwedeplein, e que teria muito prazer em ajudar de qualquer forma caso precisássemos dele.

Continuamos com os Rosenbaum até o começo de julho, quando recuperamos a posse do nosso apartamento. Foi uma sensação muito estranha subir as escadas. Dentro era como se os últimos anos não tivessem acontecido. Foi como voltar no tempo — tudo parecia exatamente o mesmo. Entrei e saí dos quartos. Nossa mobília estava no mesmo lugar, as cortinas e a cor das paredes eram as mesmas, e, quando procurei o risco na parede do meu quarto feito por Pappy para marcar a minha altura, vi que continuava ali.

Fui até a janela e olhei para a praça embaixo. Algumas crianças brincavam num canto do asfalto. Mais tarde, ouvi um táxi parar na rua e corri para a porta pensando *É Pappy voltando para casa com Heinz*. Mas era só um vizinho do corredor.

Otto Frank nos visitava de tempos em tempos. Mutti estava preocupada sobre o que fazer comigo. Eu deveria voltar para a escola ou aprender uma profissão? Ele aconselhou-a fortemente a me mandar de volta para a escola para terminar os estudos.

Os pesadelos começaram no fim de julho. Eu acordava gritando. Uma vez, acordei e vi Mutti de robe ao lado da cama, segurando um copo de água para mim.

— Não consigo dormir, Mutti — falei.

— Eu sei. — Ela entregou-me o copo e sentou na minha cama.

— Quando Pappy vai voltar?

— Amanhã, talvez — ela disse, passando a mão na minha cabeça e beijando minha testa. Então, cobriu-me com a minha preciosa colcha e esperou na cama de Heinz até eu cair no sono.

Epílogo

Após me diplomar com distinção no Liceu de Amsterdã, fui persuadida por minha mãe e Otto Frank a me dedicar à fotografia e, em 1949, trabalhei como aprendiz num estúdio fotográfico em Amsterdã. Mas achei difícil me acomodar após as experiências vividas e decidi sair da Holanda por algum tempo.

Otto providenciou para que eu trabalhasse em Londres, num grande estúdio fotográfico na Woburn Square, que pertencia a um antigo amigo. Fiquei numa pensão, onde conheci Zvi Schloss, um estudante de economia de Israel que trabalhava numa corretora de valores ao mesmo tempo que terminava os estudos. Casamos em Amsterdã em 1952, e Otto foi uma das testemunhas da cerimônia.

Montamos nosso lar na Inglaterra, onde nossas três filhas nasceram. Caroline (nascida em 1956) é advogada em Londres. Jacky (nascida em 1958) é esteticista; ela casou com Dag Hovelson, um norueguês, e vivem em Londres com a filhinha, Lisa (nascida em 1985). Sylvia, nossa caçula (nascida em 1962), também mora em Londres e trabalha como jornalista.

Eu continuei trabalhando como fotógrafa free-lancer até 1972, quando abri um negócio de antiguidades, o qual até hoje mantenho, no noroeste de Londres.

Fritzi (Mutti) casou-se com Otto em 1953 (o que fez de mim, postumamente, irmã de criação de Anne Frank) e trocou a Holanda por Basle, Suíça, para juntar-se à mãe, à irmã e ao irmão de Otto, que permaneceram ali durante a guerra. Ela trabalhava com Otto na vasta correspondência envolvida na publicação de *O diário de Anne Frank*, mas me visitava frequentemente em Londres. Otto assumiu minhas três meninas como suas netas. Mutti e Otto compartilharam 27 anos de casamento feliz até a morte dele em 1980.

Os pais de Mutti (meus avós) morreram na Inglaterra, o pai em 1952, a mãe em 1968. Minha tia Sylvia (irmã de Mutti) morreu de câncer em 1977, ainda em luto pelo filho mais jovem, Jimmy, que nasceu na Inglaterra e morreu aos 25 anos devido a uma hemorragia cerebral após uma partida de rúgbi. Mutti morreu em 1998.

Minni, nossa prima que salvou a vida de Mutti e nos apoiou com sua força e bondade no hospital em Birkenau, miraculosamente sobreviveu à marcha da morte na retirada do campo e retornou a Praga após a guerra. Seus dois filhos adolescentes, Peter e Stephan, haviam sido levados pela irmã para a Palestina antes da guerra, e os três se reencontraram ali em 1947. Ela teve ainda muitos anos de atividade cuidando de novos imigrantes e de idosos. O filho mais jovem, Stephan, morreu com 20 anos lutando na Guerra da Independência de 1948. Ela manteve o luto até seu falecimento, em 1984.

Franzi também sobreviveu e foi libertada na Alemanha pelos americanos. Ela contraiu tuberculose e, após a repatriação à Holanda, ficou acamada por vários anos, sob constantes cuidados de amigos devotados e da irmã, Irene. Franzi enfim recuperou-se por completo e hoje vive em Israel com Irene. Nós nos vemos com frequência.

Rootje perdeu o marido e, apesar de encontrar a filha, Judy, nunca se recuperou inteiramente das experiências e teve várias crises de depressão. Ela morreu em 1984. Judy tem um feliz casamento e dois filhos. Ela, Mutti e eu nos tornamos amigas íntimas.

Kea perdeu toda a família. Ela tornou-se professora de arte, casou-se com um indonésio e vive em Haia.

As palavras finais são para **Heinz** e **Pappy**.

Em 8 de agosto de 1945, uma carta da Cruz Vermelha chegou a nosso apartamento (por volta da mesma época em que Otto soube que Anne e Margot haviam morrido em Bergen-Belsen). Dizia que, após a marcha forçada para sair de Auschwitz, Heinz morreu de exaustão em abril de 1945, em Mauthausen.

Pappy, que não tinha como saber que Mutti se salvara ou que eu sobreviveria à terrível provação, provavelmente perdeu a esperança e morreu três dias antes do fim da guerra.

Eles não têm túmulos. Seus nomes estão gravados com centenas de outros num memorial em Amsterdã.

Esta também é a história deles.

Postscriptum *de Fritzi Frank*

Na primeira vez que Otto Frank fez uma visita a Eva e a mim em Amsterdã após nosso retorno de Auschwitz, pude ver que estava devastado com a perda da mulher, Edith. Na viagem de Auschwitz a Odessa, ele soube que Edith morrera de exaustão e inanição em janeiro, pouco antes da chegada dos russos. Mas ainda tinha a esperança, como nós por Erich e Heinz, de que as duas filhas retornassem.

Quando veio da próxima vez, várias semanas depois, já sabíamos que os nossos entes queridos tinham perecido no campo de concentração austríaco de Mauthausen, e ele recebera a notícia de que Margot e Anne haviam morrido de febre tifoide em Bergen-Belsen. Estávamos todos profundamente deprimidos. Eu não sabia de que maneira poderia prosseguir. Erich sempre organizara tudo para a família, e agora, sem ele, me sentia perdida.

Numa das suas visitas, Otto contou que Anne havia escrito um diário durante a clandestinidade. Todos sabiam disso, embora Anne jamais permitisse que alguém o lesse. Ela também escrevera histórias infantis e ocasionalmente as lia para a família e os amigos. Miep Gies encontrara os seus papéis no esconderijo dos Frank, levara-os para o escritório e os guardara ali. Miep não os leu, e pretendia devolvê-los para Anne, caso ela retornasse.

Após a notícia de que ela morrera, Miep deu o manuscrito a Otto. Ele precisou esperar muito tempo para ler, já que achou ser uma experiência emocional muito poderosa. Quando terminou a leitura, contou-nos que tinha descoberto não conhecer verdadeiramente a filha. Embora, lógico, se desse bem com ela, jamais soubera coisa alguma sobre seus pensamentos mais íntimos, seus elevados ideais, sua crença em Deus e suas ideias progressistas, que o surpreenderam imensamente.

Ele leu partes do manuscrito para Eva e para mim, e Eva disse-lhe que sempre tivera a sensação de que Anne era muito mais madura do que ela própria e que talvez esse fosse o motivo para as duas nunca terem ficado muito íntimas.

— Se eu pudesse encontrá-la hoje — Eva disse —, nós nos entenderíamos muito melhor, já que mudei bastante após todas as minhas experiências.

Otto Frank ajudou a construir a comunidade judaica liberal de Amsterdã, tornando-se um dos seus diretores. Ele comparecia às então um tanto primitivas instalações da sinagoga, quando esta foi criada, e com frequência eu o acompanhava aos serviços das noites de sexta-feira. Como todos havíamos perdido muitos amigos judeus, gostávamos de promover encontros com judeus e conversar com eles sobre suas vidas durante e após a ocupação.

Otto também trabalhou com empenho no seu negócio, que precisou ser reconstruído. Estava determinado a dar àqueles bons amigos que arriscaram suas vidas para ajudá-lo a esconder a família a recompensa de uma existência segura novamente — e nisso ele teve êxito.

Quando *O diário* de Anne foi publicado na Holanda, tornou-se um tremendo sucesso, e logo vieram inúmeras propostas de outros países. Otto manteve-me informada sobre todos esses eventos e lembro que uma vez, quando fui à Inglaterra visitar meus pais e minha irmã, ele foi junto para conversar com um editor de Londres. Fomos de trem e barco e, no caminho, ele me deu mais partes do material para ler.

Com a passagem do tempo, tornei-me sua confidente e, de meu lado, apresentei-lhe meus problemas. Contei sobre Heinz e como ele fora um menino tão talentoso. No Liceu, e depois na Escola Judaica, meu filho mostrou-se um aluno brilhante. Se lhe punham um instrumento musical nas mãos, podia simplesmente pegá-lo e começar a tocar. No esconderijo, pintou quadros e escreveu poesias — e também aprendeu sozinho italiano para poder ler livros italianos.

Tendo passado pelas mesmas experiências, Otto e eu descobrimos que possuíamos muito em comum, e ele também se interessou por Eva. Quando foi escolhido como representante da Holanda na conferência da União Mundial do Judaísmo Progressista em Londres, levou junto Eva para representar a Juventude Judaica Holandesa.

Eu frequentemente o convidava para me fazer companhia em palestras e concertos. Durante o último ano de Eva no Liceu, decidimos que ela deveria escolher a fotografia como profissão. Eva conseguiu uma vaga como aprendiz num estúdio fotográfico, ao qual compareceria várias tardes por semana. Mas, no geral, Eva não era feliz na Holanda, que tinha muitas memórias tristes para ela. Assim, decidiu que queria ir para a Inglaterra aperfeiçoar seu talento na fotografia.

Agora que estava sozinha, e como Otto e eu ficamos cada vez mais atraídos um pelo outro, decidimos casar e mudar para a Suíça, onde a família dele vivia. Nosso casamento aconteceu em novembro de 1953, e a união, que durou até a morte de Otto, foi muito feliz para nós dois.

Eu o ajudava com seu trabalho, respondendo todas as cartas que recebia após o *Diário* de Anne ser publicado em muitos países. Juntos, íamos visitar Escolas Anne Frank e editores, e recebíamos muitos jovens que haviam lido o *Diário* e desejavam conhecer o pai de Anne. Ao longo dos anos, Eva e Zvi tiveram três filhas adoráveis, as quais Otto adotou como netas. Elas também o amavam muito.

Assim, pela tragédia em nossas vidas, juntos nós encontramos uma nova felicidade.

Este livro foi composto na tipologia Electra LH Regular, em corpo 11/16, e impresso em papel off-set 90g/m² no Sistema Cameron da Divisão Gráfica da Distribuidora Record.